Günter Hirschsteiner

Einkaufsverhandlungen

HANSER

Geleitwort

Einkauf und Logistik beeinflussen maßgeblich die Wettbewerbsfähigkeit von Unternehmen. Der Anteil der Beschaffung der deutschen Industrie ist inzwischen auf über 50 Prozent des Unternehmensumsatzes gestiegen. Die Qualität beim Einkauf bestimmt die Qualität der Produkte.

Der BME fördert seit über 45 Jahren die Belange des Faches und vertritt die Interessen von 1000 Unternehmen und 4000 persönlichen Mitgliedern. Mit der Reihe „Pocket Power Einkauf und Logistik" verbinden wir den Wunsch, wesentliche Themenfelder aus dem Bereich übersichtlich aufzubereiten und auch einem breiteren Kreis von unternehmerischen Entscheidern nahezubringen.

Es würde mich freuen, wenn die vorliegende Publikation einen Beitrag zu Ihrem Unternehmenserfolg leisten würde.

Dr. Holger Hildebrandt, Vorsitzender des BME

Inhalt

Wegweiser

Dieses Buch wendet sich an Praktiker. Die folgenden drei Symbole führen Sie schnell zum Ziel:

 Dieses Symbol markiert **Anwendungstipps:** Hier erfahren Sie, wie Sie bei der Umsetzung am besten vorgehen.

 Hier geben wir Ihnen **Praxisbeispiele,** die zeigen, wie die Thematik von anderen konkret umgesetzt wird.

 Wo Sie dieses Symbol sehen, weisen wir Sie auf **Hürden und Hindernisse** hin, die einer Umsetzung erfahrungsgemäß oft im Wege stehen.

1 Kaufmännisches Verhandeln

Moderne arbeitsteilige Marktwirtschaften sind extrem austauschorientiert: Güter – das sind Waren, Leistungen, Rechte und Informationen – sollen unter Wettbewerbsbedingungen eigenwirtschaftlich gehandelt und gesamtwirtschaftlich zugewiesen werden.

Marktwirtschaften funktionieren durch den Leistungswettbewerb. Das legale egoistische Interesse der wirtschaftlichen Entscheidungseinheiten, der Haushalte in natürlichen (Personen) und juristischen (Organisationen) Formen, strebt nach eigener Nutzenmaximierung. Haushalte bestimmen durch ihre Absichten und Entscheidungen das Angebot sowie die Nachfrage nach Sachgütern, Leistungen, Kapital und Rechten.

Niemand und kein Betrieb ist heute wirtschaftlich autark, sondern auf die Kooperation und das Entgegenkommen anderer angewiesen. In den marktwirtschaftlichen Systemen ist der Austausch von ideellen und materiellen Gütern grundsätzlich freigestellt.

Es liegt auch in der Natur der Menschen, dass sie eine Gegenleistung erwarten, wenn sie etwas geben oder leisten sollen.

 In einem amerikanischen Satire-Magazin erschien vor einigen Jahren eine Zeichnung, die zwei Männer im Steinzeit-Outfit zeigt: Der eine hatte soeben das Rad erfunden, aus Stein gemeißelt, und bot es dem anderen an. Dieser hatte drei Fische gefangen und bot sie dagegen. Unterschrieben war das Bild: „The first Deal".

Das Paradigma erinnert daran, dass es keinen objektiven und feststehenden Wert für freie Güter gibt. Auch Preise werden mehr oder weniger willkürlich festgelegt.

Der Erfinder braucht einen Abnehmer, der Fischer gleichermaßen. Jeder schätzt den Wert seiner Sache hoch und den Nutzen der angebotenen Ware vielleicht realistisch ein. Sind beide frei von Zwängen, können sie darüber verhandeln und sich einigen, wenn jeder ausreichend eigene Vorteile dabei erkennt.

Vielleicht drückt der Hunger den Erfinder. Möglicherweise ist der Fischer auch noch visionär veranlagt und erkennt die ökonomischen Perspektiven dieser runden Scheibe mit dem Loch und sie einigen sich. Vielleicht sucht sich der Erfinder einen anderen, der ihm 5 Fische für das Rad geben wird, oder der Fischer möchte die Fische für ein Fell eintauschen, um ein dringendes Bedürfnis seiner Lebensgefährtin zu versorgen. *So weit zu Markt und Wettbewerb.*

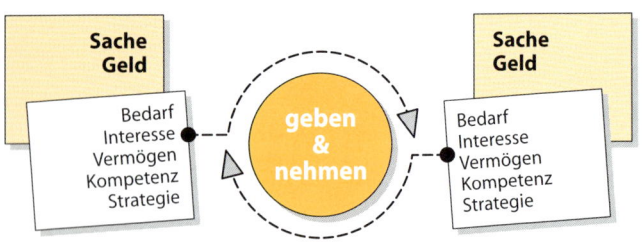

Bild 1: *Das Prinzip des Verhandelns*

Die Kontrahenten einer Verhandlung müssen ihre unterschiedlichen Positionen auseinandersetzen, Konflikte ausgleichen und eine Vereinbarung erreichen, vielleicht unter dem Druck, ein Ergebnis zu erhalten. Oder gelassen aushandeln, mit einem anderen guten Angebot *in petto*.

Jeder Kontrahent, in der Auseinandersetzung um wirtschaftliche Vorteile,

▶ Hat eigene Absichten, die er umsetzen, und Ziele, die er erreichen will
▶ Verhandelt darüber, was und wie viel er geben will
▶ Möchte so viel wie möglich erreichen und dafür so wenig wie möglich aufwenden
▶ Will sein Interesse nur zurückhaltend aufzeigen
▶ Wird seine Konzessionen vorteilhaft darstellen.

Unterschiedliches und gegensätzliches Streben ist kein Verhängnis, sondern entspricht den elementaren menschlichen Bedürfnissen, privat und beruflich. Rivalität und Wettstreit sind förderlich, weil daraus Fähigkeiten und Mittel aktiviert werden, die Veränderungen bewirken und Erfolge protegieren.

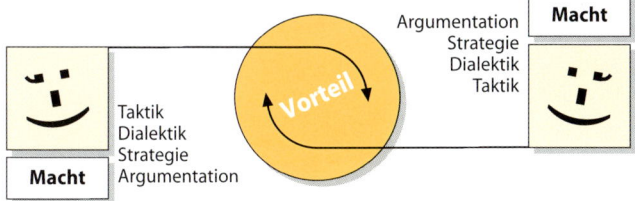

Bild 2: *Faktoren und Spannungsfelder des Verhandelns*

Wer mit Erfolg verhandeln will, muss die wirklichen Beweggründe seiner Partner erkennen und verstehen. Über alles kann verhandelt werden, wenn die Parteien dies wollen. Die Ergebnisse müssen allerdings realisierbar und ihre Wirkungen legal und moralisch vertretbar sein. Die Vereinbarungen müssen durchgesetzt werden können, notfalls mit juristischer Unterstützung.

Verhandeln ist die kooperative Auseinandersetzung einer Interessenlage zwischen gleichberechtigten Personen mit der Absicht, eine freiwillige, einigende und legale Vereinbarung zu bewirken, die von den Beteiligten als vorteilhaft, gerecht und angemessen empfunden und akzeptiert wird.

2 Einstellung und Vorbereitung

Nicht alle Verhandlungen sind gleichermaßen schwierig oder bedeutend. Wer allerdings mit bestmöglichem Erfolg verhandeln will, muss sich angesichts der

▶ Aufgaben und Absichten
▶ Realen Gegebenheiten
▶ Güter und ihrer Bedingungen
▶ Verfügbaren Mittel

angemessen vorbereiten.

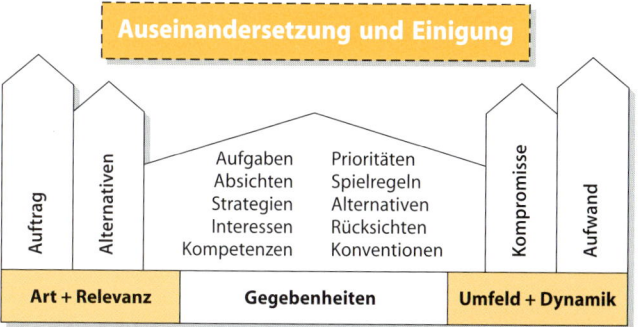

Bild 3: *Kriterien der Verhandlungsvorbereitung*

Nicht zufriedenstellende Ergebnisse haben ihre Ursachen meist in einer unzureichenden Einstellung auf die Herausforderungen. Daraus folgen ein mangelhaftes Anpassungsverhalten und eine oberflächliche, inflexible Gesprächshaltung.

Das Ziel einer hinreichenden Vorbereitung ist, die persönlichen Verhandlungsfähigkeiten zu aktivieren, die verfügbaren Mittel zu optimieren und die eigene Verhandlungsposition bestmöglich zu stärken.

Erfolg im Beruf ist heute überwiegend davon abhängig, wie man mit anderen Menschen umgehen kann. Sicheres und überzeugendes Auftreten gehört dazu, wie Fachkenntnis und Sachverstand. Nicht die Perfektion der Kompetenzen, sondern die ausgewogene Fügung der objektiven und subjektiven Fähigkeiten macht die überzeugende Persönlichkeit.

2.1 Sachliche Vorbereitungen

Vor allen strategischen Überlegungen müssen die Gegebenheiten und die Bedingungen der Sach- und Beziehungslage erfasst und konkretisiert werden:

▶ Die Ziele und Absichten mit ihren Prioritäten und Alternativen
▶ Die Sachzwänge und ihre Bedingtheiten
▶ Die Relevanz und die Qualität der Verhandlungsposition
▶ Die Motive, Interessen, Absichten und Kompromissmöglichkeiten
▶ Der Verhandlungsauftrag, die Kompetenzen und die Mittel

So weit ist gleichwertig auch die sachliche und persönliche Einstellung der Kontrahenten einzuschätzen.

Zu den Gegebenheiten und ihren Entwicklungen sind zu bedenken die

▶ Betriebs- und marktwirtschaftlichen Umfeldbedingungen
▶ Ausgangssituation und ihre voraussichtlichen Entwicklungen
▶ Beziehungs- und Machtverhältnisse
▶ Voraussichtlichen Probleme und Konflikte.

Informationsquellen zur Verhandlungsvorbereitung

- Aktuelle und frühere Unterlagen und Vorgänge studieren
- Ereignisse, Gegebenheiten und Motive recherchieren
- Informationen von Fachleuten und auch von Wettbewerbern einholen
- Erfahrungen mit den Kontrahenten überdenken und eigenes Wissen reflektieren

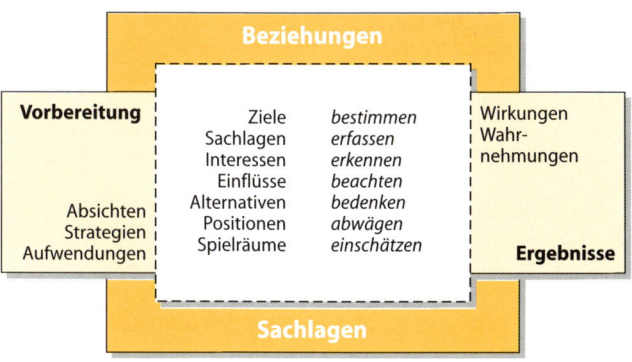

Bild 4: *Grundsätzliche Aspekte der Vorbereitung*

Sorgfältiger Einblick und verständige Einsicht in die Unterlagen fördern die Übersicht und die kommunikative Sicherheit. Das sind unverzichtbare Voraussetzungen für die Konzeption der Strategien, die Formulierung der Argumente und zur Auswahl der taktischen Mittel.

 Erfolgreiche Verhandlungen brauchen eine Vorbereitung, die der Bedeutung der beabsichtigten Ergebnisse gerecht wird und den Erfolg voraussichtlich bewirken wird.

Es ist immer vorteilhaft, zu bedenken, welche der vorbereiteten Informationen und Unterlagen an die Teilnehmer und Kontrahenten weiterzugeben sind:

▶ Der beiderseitige Informationsstand wird annähernd gleichartig und die sachliche Ausgangsbasis deutlicher.

▶ Die Verhandlungsführung kann mehr oder weniger danach ausgerichtet werden.

▶ Der Diskussionsaufwand wird geringer.

▶ Verstimmungen werden eher vermieden und Vertrauen auf eine faire Auseinandersetzung gebildet.

Ein strukturiertes Konzept der Verhandlungspunkte mit strategisch-taktischen Hinweisen macht den Kopf frei für die während der Verhandlung erforderliche situative Aufmerksamkeit. Es kann bis zu einem *Roten Faden* ausgearbeitet sein und auch gesprächsdramaturgische Elemente enthalten.

Verhandlungen vorausschauend beherrschen, bedeutet

- Absichten und Ziele formulieren
- Sach- und Beziehungslagen erfassen
- Individuelle Interessen erkennen
- Externe und interne Einflüsse berücksichtigen
- Alternativen entwickeln und realisierbar machen.

2.2   Organisatorische Vorbereitungen

Die organisatorische Gestaltung einer Verhandlungskonferenz bezieht sich auf die praktischen, räumlichen und zeitlichen Aspekte.

Organisatorisch-sachliche Vorbereitung

- Worüber soll verhandelt werden?
- Wer soll beteiligt werden?
- Wann soll verhandelt werden?
- Wie lange soll die Konferenz dauern?
- Wo soll verhandelt werden?
- Welche Besonderheiten sind zu beachten?
- Welcher organisatorische Aufwand ist angemessen?

2.2.1 Teilnehmer und Teams

Die personale Zusammenstellung eines Verhandlungsteams ergibt sich aus den Anforderungen der

▶ Zweckmäßigkeit
▶ Zuständigkeit nach Funktion und Verantwortung

▶ Kompetenzen
▶ Team- und Synergiefähigkeit,

aber auch nach den konventionalen Aspekten der hierarchischen Ordnung. Die Teilnehmer im Verhandlungsteam sollen sich über

▶ Ihre Kompetenzen und Aufgaben abstimmen
▶ Ihr Verhalten in der Gruppe verständigen
▶ Besondere Rollen gegebenenfalls absprechen.

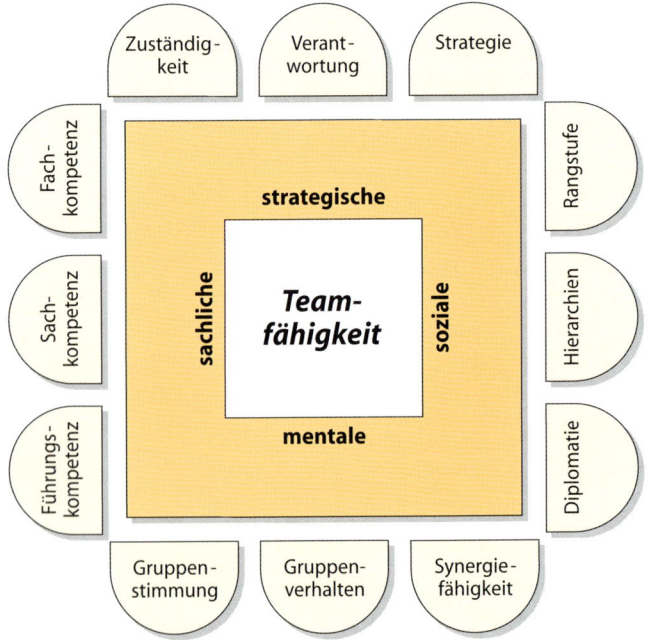

Bild 5: *Teambildung*

Es darf nicht passieren, dass ein Teammitglied aus Arglosigkeit, Besserwisserei oder missionarischem Eifer die eigenen Positionen oder Strategien beschädigt.

2.2.2 Verhandlungsort und -termin

In der alltäglichen Praxis werden Verkaufs- und Einkaufsverhandlungen meistens in den Räumen des beschaffenden Betriebes geführt. Das hat sicherlich mehr mit tradierten Gewohnheiten als mit strategisch-taktischen Festlegungen zu tun.

Nicht selten allerdings werden soweit versäumte Besuche beim Lieferer mit dem Aufwand und der persönlichen Abwesenheit des Einkäufers begründet. Das wird auch dadurch unterstützt, dass die Verkäufer wohl ungleich mehr angehalten sind, sich initiativ um die Geschäftsbeziehungen zu bemühen.

Wenn dem Einkäufer

▶ fehlende Qualifikation unterstellt wird;
▶ die Ziele und Aufgaben von der Führung nicht angemessen vorgegeben werden;
▶ seine Prioritäten nicht wirklich bewusst werden;
▶ Zeitmangel dauerhafte Belastung bleibt;
▶ hauptsächlich bürokratische Leistungen abverlangt werden,

muss das wohl nachhaltig geändert werden.

 Die Regel sagt, dass die Wahl des Verhandlungsortes dem zusteht, von dem etwas verlangt wird.

Der strategisch und initiativ eingestellte Einkäufer wird an dem Ort verhandeln wollen, an dem sich die besten Erfolgsmöglichkeiten für seine Absichten ergeben.

Verhandlungsvorteile im eigenen Betrieb

- Das *Hausrecht* und das vertraute Ambiente vermitteln physische und psychische Sicherheit.
- Die Mittel und Rahmenbedingungen können selbst bestimmt werden.
- Zusätzliche Unterlagen können einfacher besorgt werden.
- Kollegen können bei Bedarf einbezogen werden.
- Beratung und Demonstration, z. B. in der Fertigung, sind möglich.
- Die Geschäftsleitung kann gegebenenfalls persönliche Unterstützung geben.
- Der Zeitaufwand ist geringer und Reisekosten entfallen.

Erfahrene Einkäufer wissen, dass viele Absichten, die (telefonisch) unmöglich zu erreichen sind, bei einem angekündigten (und vereinbarten) Besuch doch realisiert werden können. Dazu sagt eine andere Regel, dass jeder Besuch eine Verbesserung ergeben muss. Nicht nur, weil die Dringlichkeit offensichtlich und damit aufwendige Sondermaßnahmen begründet werden können.

Verhandlungsvorteile im Betrieb des Lieferers

- Die Leistungsmöglichkeiten, -fähigkeiten und das Leistungsverhalten des Lieferers können eingeschätzt werden.
- Die Bedeutung und Dringlichkeit der Sache wird offensichtlich.

- Weitere Mitarbeiter des Lieferers können angesprochen und gegebenenfalls überzeugt werden.
- Der Verkäufer des Lieferers kann im eigenen Interesse unterstützt werden.
- Produktive und administrative Verfahren können eingesehen werden.
- Überfälliges Material könnte „gleich mitgenommen" werden.

Manchmal, bei

▶ Ausgangspositionen, die stark divergieren
▶ Geheimhaltungsabsichten
▶ Klärung von Konflikten
▶ Vermeidung von Störungen

mag es geboten sein, an einem neutralen Ort oder „auf halber Strecke" zu verhandeln.

Die Verhandlungstermine werden nach sachbezogenen, aber gelegentlich auch nach psychologisch-taktischen Gesichtspunkten vorgeschlagen. Im letzteren Fall werden gleichfalls sachliche Aspekte vorgetragen werden müssen.

 Die Entscheidung, wo, wann und wie lange verhandelt werden soll, muss sich an den Erfolgsaussichten ausrichten.

2.2.3 Verhandlungsraum und Bewirtung

Jeder Konferenzraum muss zweckmäßig gelegen sowie praktisch und sachdienlich eingerichtet sein. Der Verhandlungserfolg soll ermöglicht und die Arbeitsfortschritte gefördert werden. Natürliches Licht, Sicht nach draußen, gute Lüftung und aktivitätsfördernde Temperaturen schaffen eine produktive Arbeitsatmosphäre.

 Das Erscheinungsbild eines Verhandlungsraumes orientiert sich auch daran, wie sich das Unternehmen anderen gegenüber, nach außen, darstellen will.

Offensichtliche Zustände mancher „Besucherzimmer" zeigen sorglos auf, welche Bedeutung der Beschaffungsfunktion von der Unternehmensführung zugemessen wird und was man von den Besuchern denkt. Das wird gelegentlich bei den PR-Konzepten übersehen.

Regeln zur Konferenzraumgestaltung

- Die Raumgröße und die Anzahl der Teilnehmer sollen so zusammenpassen, dass weder Ablenkungen noch Beklemmungsgefühle entstehen.
- Die Haustechnik muss dem Zweck angemessen sein und bestimmungsgemäß funktionieren.
- Einrichtungen zur Visualisierung und Demonstration können ausufernde Diskussionen vermeiden.
- Ausreichende Ablagemöglichkeiten für Mäntel, Taschen, Kataloge, Muster usw. sind vorzusehen.
- Ein separater Raum für gruppeninterne Abstimmungen muss gegebenenfalls zugänglich sein.
- Rechteckige Tische mit gegenüber sitzenden „Delegationen" sind kommunikativ wenig förderlich. Ein runder oder mehrseitiger Tisch, bei dem es weder „Fronten" noch „Oben und Unten" gibt, ist vorzuziehen.
- Die Stühle sollten gleichartig komfortabel sein sowie mit gleichem bequemen Abstand zueinander am selben Tisch stehen.

Der Besprechungsraum sollte für Störungen oder Rückfragen durch Kollegen oder Vorgesetzte, aber auch für Telefongespräche grundsätzlich *tabu* sein.

 Es ist ein Gebot des guten menschlichen Umgangs, Störern nicht noch eine Vorzugsbehandlung zu gewähren.

Das eigene Ansehen wird leicht dabei beschädigt und die Kontrahenten erhalten eine unverdiente, aber willkommene Gelegenheit, sich intern abzusprechen.

 Für den Verlauf der Verhandlungen und ihre Ergebnisse sind Störungen von außen fast immer schädlich.

Die Bewirtung muss den Mindestanforderungen des guten geschäftlichen Umgangs mit Gästen entsprechen. Erfrischungsgetränke sollten jedenfalls bereitgehalten werden. Es ist nicht nur eine Stilfrage, ob man die Verhandlungspartner zum Automaten schickt oder ob die Getränke in einem ansprechenden Geschirr serviert werden.

 Allgemein gilt als angemessen, was dem Gesprächsklima dient, ohne jegliches *overdoing,* das immer fragwürdig bleibt.

2.3 Persönliche Einstellung und Vorbereitung

Wer andere Menschen überzeugen will, muss ihre Wesensart und ihre Einstellungen anerkennen. Das meint nicht schmeichlerisches Anbiedern, sondern eine Stimmung des gegenseitigen Interesses und der persönlichen Achtung schaffen.

Wer sich für eine Verhandlung sachverständig und angemessen vorbereitet, wird die Teilnehmer führen können, mit einer eigenen und gelassenen Überlegenheit zur Sache, zur Situation und zu den Menschen.

Mentale Anforderungen zur Verhandlungsvorbereitung

- Die Sachverhalte durch Einblick, Einsicht und Übersicht verstehen
- Sich auf Umfeld und Zeitrahmen gelassen einstellen
- Die Verläufe verstehen und steuern können
- Sich auf unvorhergesehene Ereignisse und Provokationen angemessen einstellen
- Die Teilnehmer durch innere Überlegenheit und erkennbare Sicherheit führen
- Den gewollten Abschluss bestmöglich, flexibel und zügig anstreben.

 Professionelle Verhandlungen zu beherrschen und zu lenken, setzt das Verstehen ihrer Faktoren, Teilnehmer und Prozesse voraus.

Dazu müssen auch die Sachverhalte und besonders die Menschen, die sie bewirken, mit ihren Absichten und Verhaltensweisen kritisch beobachtet werden, lebenslang. Erfahrungen bilden sich, wenn Beobachtungen mit den bisher gemachten Erkenntnissen kritisch abgeglichen werden. So wird Alltagsverstand entwickelt, um die Menschen und ihre Bedingtheiten zu verstehen und so weit mit ihnen umzugehen.

> Verhandlungsergebnisse sollen nicht vom Zufall bestimmt, sondern das Ergebnis einer angemessenen planmäßigen Vorbereitung sein.

Nicht jede, aber manche Verhandlung, beansprucht und strapaziert auch das physische und psychische Wohlbefinden.

Berufliche Belastung, Zeit- und Erwartungsdruck, begrenzte Möglichkeiten, aber auch existenzielle Bedrohungen (Karriererisiken) müssen ausgehalten und kompensiert werden.

Die Kontrahenten einer Verhandlung sind zwar formal gleichberechtigt, aber oft ungleich kompetent oder mächtig. Ziele und Taktiken können einseitig aufgezwungen werden. So kann manches Ergebnis eher aus einem mehr oder weniger kaschierten Diktat als aus überzeugter Einigung entstehen.

Wer schwierige Auseinandersetzungen erfolgreich führen will, muss seine volle Aufmerksamkeit und Leistungsfähigkeit einbringen können.

Er muss

▶ Physisch und psychisch gesund
▶ Persönlich gelassen, aber engagiert
▶ Kritisch urteilend, aber emotional beherrscht
▶ Initiativ und positiv motiviert

zu seinen Aufgaben und zu seinem Unternehmen stehen.

Eine optimistisch bejahende Grundstimmung und Lebenseinstellung kann Selbstsicherheit, Sympathie und Argumente überzeugend vermitteln.

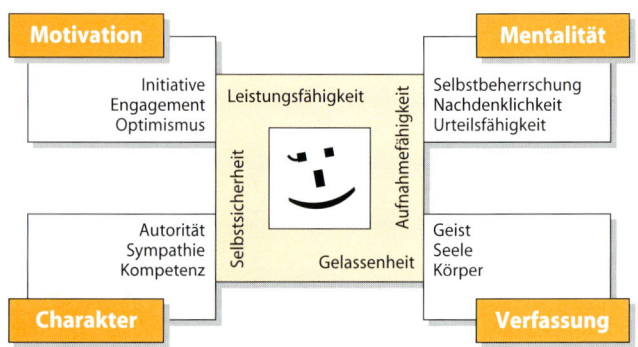

Bild 6: *Mentale Einstellungen*

Menschen beurteilen andere Menschen primär nach ihrem Auftreten. Offensichtliche Unsicherheit wird als Ausdruck von Schwäche und mangelnder Überzeugung angesehen. Tatsächlich fehlt vielen Menschen ein angemessenes Selbstvertrauen. Sie versuchen oft, diesen Mangel durch ein überkompensierendes Verhalten zu verdecken.

 Wer sich unsicher oder gehemmt zeigt, provoziert die offensive Überlegenheit seiner Kontrahenten.

Wer andere, auch in den Verhandlungen, führen will, muss das richtige Maß zwischen altruistischer Anpassung und übertriebener Selbstdarstellung finden und praktizieren. Die erfolgreichere Einstellung ist, das Selbstwertgefühl der anderen Menschen, aus einem eigenen natürlichen Selbstbewusstsein, zu achten und Verständnis für sie zu zeigen.

Positive kommunikative persönliche Einstellungen

- Sich der eigenen Bedeutung und Rolle als Mitglied seines sozialen Umfelds realistisch bewusst sein
- Durch Wissen, Kompetenz und Verhalten positive Akzeptanz erfahren und eigene Interessen überzeugend kommunizieren
- Sympathie und Verständnis entschieden vermitteln, aber unverkrampft deutlich machen, dass eigene Interessen vertreten werden und dies auch dem anderen zugebilligt wird
- Mit Gelassenheit vermeiden, *Feindbilder* und damit Selbstblockaden aufzubauen
- Sachlich kooperieren, aber die angemessene emotionale Haltung und Distanz wahren
- Das richtige Maß zwischen überkritischer Vorsicht und unbedenklichem Vertrauen finden
- Die menschlichen Schwächen anderer tolerieren und nicht egoistisch ausnützen
- Sich und seine Verhältnisse nicht ausführlich und anbiedernd mitteilen, sondern für seine Mitmenschen persönlich interessant bleiben.

Aussagen und Handlungen erhalten ihre inhaltliche Bedeutung erst mit der dazugehörenden Person und ihrer Erscheinung. Wenn zwei das Gleiche sagen, ergibt sich regelmäßig nicht dasselbe. Relevanz, Verlässlichkeit und Bedeutung bringt erst die körperliche Wirkung der sich äußernden Person ein.

Fachliche, sachliche und soziale Kompetenz sind Voraussetzungen für die persönliche Akzeptanz in der Kommunikation. Nur wer diese vermitteln kann, wird andere überzeugen und motivieren.

Überzeugendes Auftreten braucht Selbstkontrolle, Gestaltungsstreben und Weiterentwicklung. Das Erscheinungsbild der Person bestimmt die Akzeptanz ihrer Aussagen. Unangebrachtes Verhalten muss erkannt und vermieden werden:

▶ Gesichtsausdruck und Gebärden müssen beherrscht sein und sollen ausdrücken was man mitteilen will;

▶ Anspannung und Unsicherheit sollen vermieden und Gelassenheit vermittelt werden;

▶ Sprache, Lautstärke und Modulation sollen die Sprachinhalte glaubhaft markieren.

 Die bewusste Entwicklung und Beherrschung des eigenen Ausdrucks und Auftretens schärft auch den Blick für Schwächen und Unstimmigkeiten der Mitmenschen.

Viele Menschen haben vor schwierigen Gesprächen unangenehme Empfindungen, die je nach Mentalität zwischen Angst vor Misserfolg und aggressivem Leistungsdrang liegen. Jeder möchte aber aus einer Verfassung heraus verhandeln, mit der er sich körperlich und seelisch wohl fühlt und sich engagiert auf die Aufgaben einstimmen kann.

Mindestens genauso wichtig wie die sachliche Vorbereitung vor schwierigen Gesprächen ist es, einige Minuten für die mentale Einstimmung zu verwenden. Dazu muss man auch nach den Ursachen einer eventuellen Verspannung oder Unlust fragen.

Fragen zur unmittelbaren Einstimmung

- Was beunruhigt mich vor den Gesprächen?
- Sind die Befürchtungen für mich relevant?
- Bin ich entspannt und gelassen?
- Wie wirke ich auf die anderen?
- Muss ich etwas anders machen?
- Was kann ich dazu tun?

Die eigene gute Verfassung braucht aber auch eine positive Mentalität zu den Mitmenschen, weil niemand ohne sie arbeiten und leben kann. Eine kritisch-wohlwollende Einstellung zu sich selbst ist auch im Umgang mit anderen Menschen angemessen und hilfreich.

 Jeder qualitative Umgang mit anderen setzt einen gleichwertigen Umgang mit sich selbst voraus.

3   Strategien und Positionen

„Taktik ist die Lehre vom Gebrauch der Streitkräfte im Gefecht. Strategie ist die Lehre vom Gebrauch der Gefechte zum Zwecke des Krieges."

So hat der preußische General und Militärschriftsteller Carl von Clausewitz Strategie und Taktik definiert.

Für das Management in den Unternehmen sind Strategien geplante Verfahren, die Chancen und Möglichkeiten des wirtschaftlichen Umfeldes für vorbestimmte Aufgaben und Ziele aktiv zu nutzen und seine Risiken zu beherrschen.

 Strategie bedeutet, die zielorientierte Planung einer Verfahrensweise der Realisierung von Aufgaben, in der Auseinandersetzung mit anderen und unter Berücksichtigung der relevanten Einflussfaktoren.

Bild 7: *Strategiedefinition*

Immer, wenn planmäßiges Vorgehen geboten ist, weil die Aufgabe oder die Umstände komplex sind und der beabsichtigte Erfolg wichtig ist, braucht man strategische Orientierung und taktische Mittel.

Taktik ist das situative, berechnende und zweckorientierte Handeln der Auseinandersetzung mit anderen, vorzugsweise im Rahmen eines strategischen Konzeptes.

Strategie und Taktik bedingen sich gegenseitig. Strategien sind Antworten auf die Komplexitäten und Turbulenzen der gegenwärtigen und künftigen Herausforderungen.

 Strategien sollen aber auch die Trägheit der betrieblichen Administrationen überwinden und deren Eigendynamik synergetisch ausrichten.

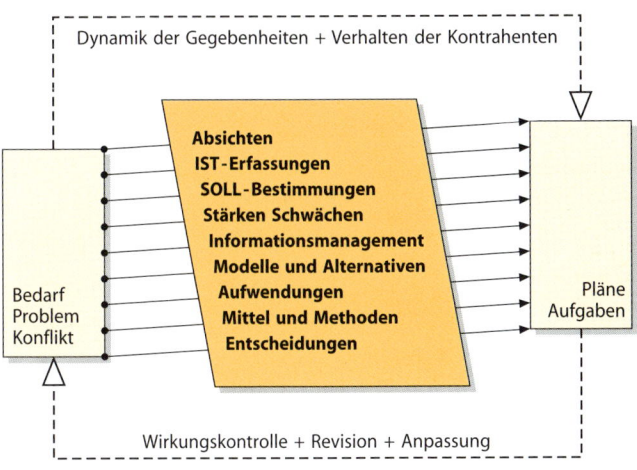

Bild 8: *Strategieprozesse*

Ausschließliche strategische Intelligenz reicht allerdings nicht aus. Sie braucht die Improvisation. Weil die Erkenntnisfähigkeit der Menschen zur Wirklichkeit begrenzt sind, müssen Planungen auch spekulative Ansätze einbeziehen.

3.1 Planung der Strategien

Bezogen auf Einkaufsverhandlungen beschreiben

▶ Strategien den Gesamtplan der Vorgehensweise
▶ Taktiken das situative Agieren und Reagieren
▶ Techniken die Methoden und Verfahren dazu.

Die Entwicklung einer Strategie beginnt mit der Problemanalyse.

3.1.1 Gegebenheiten analysieren

Eine Ist-Analyse soll ein empirisches Bild der Gegebenheiten aufzeigen, das sich aus den

▶ Aufgaben und Problemen
▶ Absichten und Beziehungen
▶ Handlungen und Wahrnehmungen

ergibt. Die Erkenntnisse sollen dann nach ihrer Relevanz bewertet und nach ihren Prioritäten geordnet werden.

3.1.2 Ziele konkretisieren

Das ist nicht immer einfach, weil aus allgemeinen und vagen Zielvorstellungen, z. B. „Kosten senken", „Liefererleistungsbeurteilung einführen" oder „bestmöglich einkaufen", konkrete Zielsysteme bestimmt werden sollen. Für die

▶ Orientierung der Planungen
▶ Gestaltung der Vorgehensweise
▶ Festlegung von Maßnahmen

▶ Auswahl der Mittel
▶ Beurteilung der Ergebnisse

einer Verhandlungsstrategie müssen eindeutige und nachvollziehbare Zielsetzungen und Kriterien vorgegeben werden.

3.1.3 Informationen erfassen

Fakten und Erkenntnisse müssen so zusammengefasst werden, dass das System, auf das die Strategien eingerichtet werden sollen, aber auch seine Dynamik, transparent erscheinen.

Auch hier stellt sich die Frage nach der Ökonomie der Informationsbeschaffung:

▶ Welche Informationen?
▶ Welche Informationsbreite?
▶ Welche Informationstiefe?
▶ Welche Informationsdifferenzierung?

Dazu werden verständige Einschätzungen, eine angemessene Intuition sowie selbstverständlich Sachkenntnis und vielleicht auch Beratung benötigt.

Für die weiteren Schritte sollen die Informationen so strukturiert und integriert werden, dass sie ein realistisches Abbild der relevanten Wirklichkeit mit ihren Zusammenhängen und Einflüssen aufzeigen.

3.1.4 Modelle und Alternativen bilden

Wirtschaftliche Realitäten ergeben sich aus dynamischen Vorgängen. Sie entwickeln sich aus der Vergangenheit, können daraus abgeleitet und, über den *Status quo* extrapoliert, wahrscheinliche Tendenzen anzeigen. Das gilt besonders für das Marketingverhalten von Geschäftspartnern.

Verhandlungsergebnisse sollen sich vorwiegend in einem künftigen Umfeld realisieren. Diese Aufgabe kann durch Differenzieren und Strukturieren planbar gemacht werden.

Gegebenenfalls ist ein Zeitrahmen festzulegen, in dem die voraussichtlichen Sachverhalte und ihre Variablen durch Einschätzung, Simulation und Prognose erfassbar werden. Die

▶ Beschreibung der realen gegenwärtigen Situation
▶ Ein Modell der wahrscheinlichen künftigen Gegebenheiten

ergeben die Basis für die Ausarbeitung von Maßnahmenpaketen und Handlungsmodellen.

 Eine Strategie ist die orientierende Konstante im Fluss der Möglichkeiten.

Je unsicherer die Erfolgsprognose und je unberechenbarer die Akteure und Ereignisse sind, desto dringender müssen auch alternative Strategien vorbereitet werden.

3.1.5 Verfahren entscheiden

Die unterschiedlichen Konsequenzen der einzelnen Handlungsalternativen werden auf ihre bestmögliche Eignung, die vorgegebenen Ziele zu erreichen, beurteilt und bewertet. Aus der Einschätzung der Erfolgsaussichten ergibt sich die Entscheidung für das bevorzugte Strategiekonzept.

Das ist meist der schwierigste Teil der Strategiebildung, weil jetzt konkrete Festlegungen zu machen sind, die sofort und direkt personelle und materielle Auswirkungen haben werden.

3.1.6 Wirkungen kontrollieren

Strategien sind Modelle für zielgerichtetes Handeln. Ihre Ausführung und ihre Wirkungen auf Situationen, Beziehungen und Entwicklungen müssen unter Kontrolle bleiben und zielkonsequent gesteuert werden.

Gegebenenfalls muss eine Strategie modifiziert oder eventuell auch aufgegeben werden. Allerdings nicht leichtfertig, sondern mit der Überlegung, ob eine angemessene Beharrlichkeit überraschend aufgekommene Widerstände überwinden kann und der eingeschlagene Weg so weitergegangen werden sollte.

Aufgabe	Ausführung
Wahrnehmung eines Problems	erkennen
Festlegung einer Absicht Beurteilung der Probleme Erforschung der Umfeldbedingungen im Realisierungszeitraum	denken
Formulierung der Ziele Ermittlung von Lösungsalternativen Erfolgsprognose und -bewertung der Lösungsalternativen	entwerfen
Auswahl, Formulierung und Entscheidung des Verfahrens	entscheiden
Festlegung der Handlungsprogramme (Aufgaben) Realisierung und Steuerung der Handlungsprozesse	handeln
Kontrolle der Wirkungen Analyse von Abweichungen	kontrollieren
Ergebnisfeststellung	beurteilen

Tab. 1: *Planungsprozess und Strategiebildung*

Strategien geben die Reiserouten des Denkens und des Handelns vor.

3.1.7 Strategische Kategorien

Verhandlungserfolg ist planbar. Gute und angemessene Strategien

- Helfen bei Entscheidungen
- Sind flexibel einzusetzen
- Lassen Abweichungen erkennen
- Unterstützen elastische Anpassungen
- Sind allgemein oder spezifisch einsetzbar.

Neben ihren hauptsächlichen Bestimmungen können die guten Strategien noch andere positive Wirkungen ergeben. Sie

- Fördern die Initiative, anspruchsvollere Ziele anzustreben, weil diese erreichbar erscheinen
- Begünstigen die Bereitschaft, Risiken einzugehen, weil diese beherrschbar werden
- Machen langfristige Zielsetzungen attraktiv, weil diese neue und zusätzliche Potenziale nutzbar machen.

Gegebenheiten	Ressourcen
Einflüsse	Wirkungen
Zeitfenster	Absichten
Verhältnisse	Beziehungen

Tab. 2: *Allgemeine strategische Kategorien*

Strategisches Planen bedeutet, die beabsichtigten Aktivitäten auch mit ihren Wechselbeziehungen zu bedenken.

3.1.8 Ziele und strategische Ansätze

 Der Zweck jeder Verhandlung ist, eine Absicht zu realisieren, um damit ein Bedürfnis zu versorgen.

Man muss jemand überzeugen, zu kooperieren und eigene Positionen für eine gemeinsame Zielvorstellung aufzugeben.

Daraus können Basisstrategien abgeleitet werden.

Forderung	Machtstrategien Wettbewerbsstrategien Konkurrenzstrategien Konfliktstrategien
Defensive	Anpassungsstrategien Konzessionsstrategien Beziehungsstrategien Vermeidungsstrategien Rückzugsstrategien Kompromissstrategien
Konfliktlösung	Ausgleichsstrategien Konsensstrategien Partnerschaftsstrategien
Kooperation	Partnerschaftsstrategien Konsensstrategien Know-how-Austausch-Strategien

Tab. 3: *Strategieansätze des Verhandelns*

Forderungsstrategien

Der Verhandler hat eine starke Ausgangsposition oder vermutet sie. Hauptsächliche Zielrichtung ist ein sachliches Ergebnis. So viel wie möglich soll erreicht werden. Beziehungsaspekte sind nachrangig und werden untergeordnet. Konflikte werden in Kauf genommen. Die Absicht ist, die andere Seite zum Nachgeben zu bringen.

Defensivstrategien

Der Verhandler hat eine schwache Ausgangsposition oder vermutet sie. Um ein Ergebnis zu erreichen, wird er Zugeständnisse vorsehen. Beziehungsaspekte haben eine hohe Priorität. Kurzfristiges Nachgeben soll langfristige Vorteile verschaffen.

Offensichtlich anpassendes Verhalten, z. B. durch stetiges Nachgeben, wird die andere Partei allerdings ermutigen, dies auszunutzen.

Das eigentliche Ziel ist, die Verbesserung der Beziehungen oder gute Beziehungen zu schaffen.

Konfliktlösungsstrategien

Sie dienen der Lösung von Konfliktsituationen und sollen die kommunikativen Beziehungen verbessern sowie die sachlichen Verhältnisse optimieren. Anlass sind meist persönliche, strategische oder wirtschaftliche Probleme zwischen den Parteien.

Durch vorsichtiges und partnerorientiertes Vorgehen und Argumentieren soll die Basis einer ausgeglichenen Beziehung (wieder) hergestellt werden. Das Ziel ist die partnerschaftliche Verständigung und der als gerecht und ausgewogen empfundene Ausgleich.

Kooperationsstrategien

Sowohl das Ergebnis als auch die Beziehungen haben eine hohe Priorität. Die Parteien verhandeln über Möglichkeiten, die beiden Seiten durch partnerschaftliche Zusammenarbeit maximale Vorteile verschaffen.

Kooperationsstrategien sind langfristig angelegt und setzen Offenheit, Unterstützung, Förderung und gegenseitiges Vertrauen voraus. In den gegebenen Fällen sind sie die erfolgreicheren, weil Zugeständnisse durch wertigere Synergieerfolge überkompensiert werden.

Kompromissstrategien

Das Ziel ist, das bestmögliche Ergebnis zu erreichen und dafür angemessene Zugeständnisse zu machen. Das ist die meist angemessene Art des Vorgehens unter frei entscheidenden und gleichberechtigten Kontrahenten. Schon die alten Römer haben in ihre Verträge als Formel geschrieben: *do ut des*, d. h.: *ich gebe, damit du gibst*.

Durch Geben und Nehmen sollen beide Seiten ihre Absichten vorteilhaft realisieren.

3.2 Verhandlungspositionen

Die Ausgangspositionen der Parteien und ihr Verhandlungsinteresse sind die bestimmenden Faktoren und insoweit wesentliche Indikatoren für die Erfolgsaussichten, für die Strategien und für die Ergebnisse.

Dementsprechend sind das Vorgehen und die Mittel festzulegen. Das erfordert eine realistische Einschätzung der beiderseitigen Stärken und Schwächen.

Für die Einschätzung der Verhandlungspositionen ist es notwendig, sich die

▶ Eigentlichen Absichten und Notwendigkeiten
▶ Sachlichen Gegebenheiten und wirtschaftlichen Verhältnisse

▶ Strategischen Interessen an einem Ergebnis
▶ Alternativen Möglichkeiten zur Sache und zu den Parteien
▶ Bereitschaft, Kompromisse zu erarbeiten und einzugehen

beider Parteien möglichst realistisch mit ihren Stärken und Schwächen vorzustellen.

Marktposition:	Bekanntheit oder Ausschließlichkeit
Wettbewerb:	Position und Konkurrenten
Produkt:	Attraktivität und Nachfrage
Konditionen:	passend oder besser
Technologien:	Erfahrung und Beherrschung
Qualitätsmanagement:	Qualitätssicherung, Garantie und Gewährleistung
Administration:	Leistung und Anpassung
Liquidität:	Verfügbarkeit und Zahlungen
Zuverlässigkeit:	Kontinuität und Kooperation

Tab. 4: *Kriterien der Verhandlungsposition*

Ein strategisch geführter Einkauf wird seine gute Ausgangslage durch ein professionelles Beschaffungsmarketing verstärken.

 Für die Einschätzungen zur eigenen Position müssen mehr oder weniger pauschale, emotionale oder anekdotische Auffassungen realistisch und differenzierend versachlicht und auf die Kontrahenten bezogen werden.

Verhandlungsposition und Beschaffungsmarketing

- Attraktives Anbieten des Bedarfs
- Realistische Einschätzung der Anbieter
- Aktive Förderung des Anbieter-Wettbewerbs
- Systematische Beschaffungsmarktrecherchen
- Kommunikative Gestaltung der Außenbeziehungen

3.3   Verhandlungsmacht

Wer über die Macht einer starken Position verfügt, braucht fast nicht zu verhandeln. Ein Kontrahent, der nicht verhandeln muss, kann auch durch Gespräche kaum dazu gebracht werden, seine Position zu verschlechtern.

 Marktführer ist, wer den Wettbewerb in seinem Marktsegment erfolgreich verhindert hat.

Absprachen unter den Anbietern über Preise, Konditionen oder Marktanteile werden gelegentlich auch bekannt.

 Wirtschaftliche Macht ist eine Realität und sie verfügt über Druckmittel. Wird sie von einer Partei überzogen ausgespielt und von der anderen unerträglich empfunden, werden Vermeidungsmaßnahmen aktiviert.

Marktsegmente, die soweit monopolistisch erscheinen, lassen sich mit strategischen Maßnahmen beeinflussen:

▶ Anbieter einbeziehen, die vermutlich Außenseiter sind
▶ Lieferer wechseln und gegebenenfalls über eine bestimmte Zeit teurer einkaufen
▶ Lieferer ähnlicher Erzeugnisse langfristig zur Herstellung motivieren und unterstützen
▶ Bedarf aufteilen und so Interesse an größeren Anteilen wecken
▶ Substituierende Produkte einsetzen
▶ Mit dem am meisten motivierbaren Anbieter besondere Konditionen vereinbaren.

 Wer verhandelt, will überzeugen, motivieren und kooperieren, vorzugsweise durch dialektische Überlegenheit, aber auch bedacht nachgeben.

Das Bild, das sich die Kontrahenten gegenseitig über ihre Stärken und Schwächen voneinander machen, wird von verschiedenen Faktoren gebildet, von

▶ Der Art und Brisanz der Wahrnehmungen
▶ Dem Geschick der Einschätzungen
▶ Missverständnissen und auch absichtlichen Täuschungen.

 Potenzielle Macht ist auch ein imaginäres Produkt subjektiver Einschätzung.

Mentale Überlegenheit ist für jeden Menschen willentlich zugänglich. Sie bildet sich aus

▶ Sozialer Intelligenz (Kommunikationsfähigkeit)
▶ Kreativer Intelligenz (Schöpfungstalent)

▶ Emotionaler Intelligenz (Gefühlsorientierung)
▶ Pragmatisch-intuitiver Intelligenz (Alltagsverstand).

Wissen und mentale Überlegenheit sind die bedeutendsten erfolgskritischen Machtfaktoren bei den Verhandlungen unter freien Partnern.

3.4 Verhandlungsspielräume

Verhandlungen werden angesetzt, wenn Interessengegensätze kollidieren, aber Einigungs- und Erfolgsaussichten gegeben sind, Scheinverhandlungen ausgenommen. Die Bereitschaft zu verhandeln, wird vom Interesse der Kontrahenten und den von ihnen eingeschätzten Erfolgschancen bestimmt. Jeder will weniger geben und mehr erreichen. Die individuellen Zielsetzungen mit ihren Interessensgrenzen bilden das Spannungsfeld des Verhandelns.

Mit den Überlegungen zu den Zielen sind auch die Spielräume festzulegen, für

▶ Das maximale Ausgangsangebot
▶ Die anzustrebenden Abschlusskonditionen
▶ Die untere Interessensgrenze für eine Vereinbarung.

 Jeder Kontrahent weiß, dass er Zugeständnisse machen muss, und zeigt mit seinem Angebot auch seine Kompromissbereitschaft an.

Zugeständnisse sind einseitige Anpassungen, zwecks Annäherung an die verständig gemachten Anforderungen des jeweils anderen. Der Kompromiss ist das Ergebnis dieser Anforderungen.

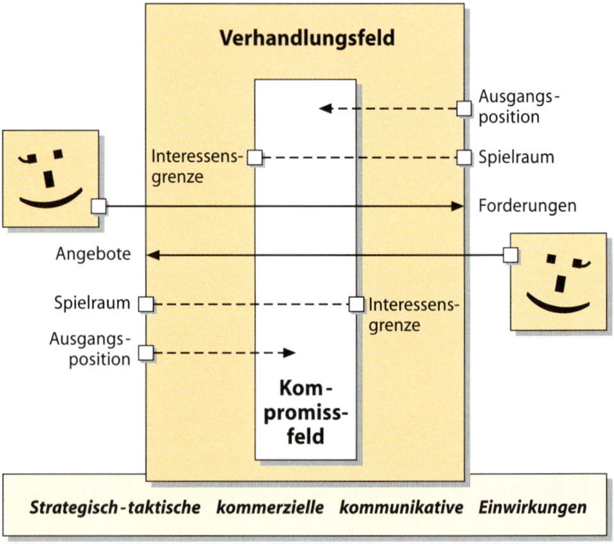

Verhandlungsfeld

Ausgangs-position

Interessens-grenze

Spielraum

Forderungen

Angebote

Spielraum

Interessens-grenze

Ausgangs-position

Kom-promiss-feld

Strategisch-taktische kommerzielle kommunikative Einwirkungen

Bild 9: *Verhandlungsspielräume*

> Allerdings: Zugeständnisse sollten nicht als einseitige Vorleistung verstanden werden, sondern bestmöglich eingetauscht werden.

Das Wechselspiel von Forderung und Entgegenkommen ist in einer wettbewerbsorientierten Marktwirtschaft nötig, weil

▶ Es der menschlichen Natur entspricht, so lange zu verhandeln, wie Verbesserungen noch zu erreichen sind
▶ Jeder seinen Erfolg maximieren möchte
▶ Die Kontrahenten unterschiedliche Voraussetzungen und mehrere Möglichkeiten einbringen

▶ Man die Interessen und Alternativen des Kontrahenten nicht wirklich oder nicht sicher kennt

▶ Das Prinzip der wirtschaftlichen Optimierung von Aufwand und Leistung zum kaufmännischen Aushandeln drängt.

 Das Postulat des eigentlichen Verhandelns liegt darin, die jeweiligen Interessen zu flexibilisieren und zu gemeinschaftlichen Ambitionen zu bündeln.

Verhandlungsspielräume haben

▶ Strategisch-taktische
▶ Kommunikative
▶ Kommerzielle

Faktoren. Der Letztere ist meist ausschlaggebend für die eigentliche untere „Schmerzgrenze".

Die Festlegung des Ausgangsangebotes ist oft schwierig, weil man einerseits den maximalen Erfolg erreichen will, andererseits aber auch seriös erscheinen muss.

Ausgangsangebote und Spielräume sollen

- Anreize zum Verhandeln geben
- Dem Prinzip der verständigen Erlösoptimierung folgen
- Angemessen und überzeugend formuliert sein
- Ausreichende Möglichkeiten für Zugeständnisse beanspruchen
- Keine übermäßigen Forderungen enthalten, um Ansehensverluste durch dann notwendige größere Zugeständnisse zu vermeiden.

Konzessionen sind auch taktische Mittel der Verhandlungsführung. Das Gebot dazu ist, maximale Gegenleistungen zu erhalten.

Wer das erste Statement des Aushandelns macht, hat schon verloren, sagt eine Regel. Man soll bei der Festlegung der Spielräume aber auch nicht zu zaghaft vorgehen. Erfahrungsgemäß werden eigene Aufgaben eher zu vorsichtig als zu mutig formuliert.

Ein erfahrener Unterhändler wird stets die erste Festlegung vermeiden und dafür seinen Kontrahenten ermuntern, diese abzugeben.

Rahmen und Orientierung geben die Sachverhalte und Bedingungen, wie sie der marketingorientierte Einkäufer kennen muss. Nur so kann er die Leistungsfähigkeit seiner Lieferer bestmöglich herausfordern.

Wer seine Lieferer stetig unterfordert, benachteiligt nicht nur seine Firma, sondern schadet auf Dauer auch seinen Lieferern.

Schließlich sind Verhandlungsspielräume auch von den delegierten Kompetenzen abhängig. Je nach dem Interesse an der Sache werden von den höheren Hierarchien, z. B. Verkaufsleiter, Geschäftsführer, weiter gestufte Zugeständnisse gemacht werden, weil

▶ Einerseits großzügige Zugeständnisse der Mitarbeiter an der Basis zu begrenzen sind

▶ Man andererseits noch plausibel und glaubwürdig im Gespräch bleiben möchte und dafür, bis zur äußersten Interessensgrenze, weitere Konzessionen einplant.

Wer einen weiteren Kompetenzbereich bzw. eine höhere Hierarchie eines Lieferers ansprechen will,

▷ Muss sich überlegen, ob dies angemessen und aussichtsreich ist
▷ Darf den zuständigen Verkäufer nur übergehen, wenn dieser das Vorgehen unterstützt oder nicht kooperiert
▷ Sollte den Verkäufer immer einbezogen halten, sich mit ihm beraten und nicht sein Ansehen beschädigen.

Taktische Regeln für Zugeständnisse

- Zugeständnisse nicht verschenken, sondern dem Kontrahenten als Erfolg seiner Argumentation zugestehen.
- Zugeständnisse deutlich machen und Gegenleistungen einfordern.
- Mit einem Zugeständnis sollten die entsprechenden Argumente der Kontrahenten erledigt sein.
- Zugeständnisse der Kontrahenten sollten nicht spontan angenommen werden, auch wenn sie die eigenen Vorstellungen erfüllen. Der Kontrahent soll nicht den Eindruck erhalten, zu viel gegeben zu haben. Außerdem könnten noch Verbesserungsmöglichkeiten aktiviert werden.
- Bedeutende Zugeständnisse eines Verhandlungspartners sollten mit einer positiven Bewertung als sein Beitrag zur gemeinsamen Sache anerkannt werden.
- Weniger präzise Zugeständnisse können durch spätere detaillierte Besprechung noch modifiziert werden.
- Für Zugeständnisse, die, plausibel gemacht, zurückgenommen werden, sollten die entsprechenden Gegenleistungen ebenfalls zurückgezogen oder ersatzweise andere Konzessionen verlangt werden.

Verhandlungspotenziale sind die über die taktischen Spielräume hinausgehenden strategischen Chancen.

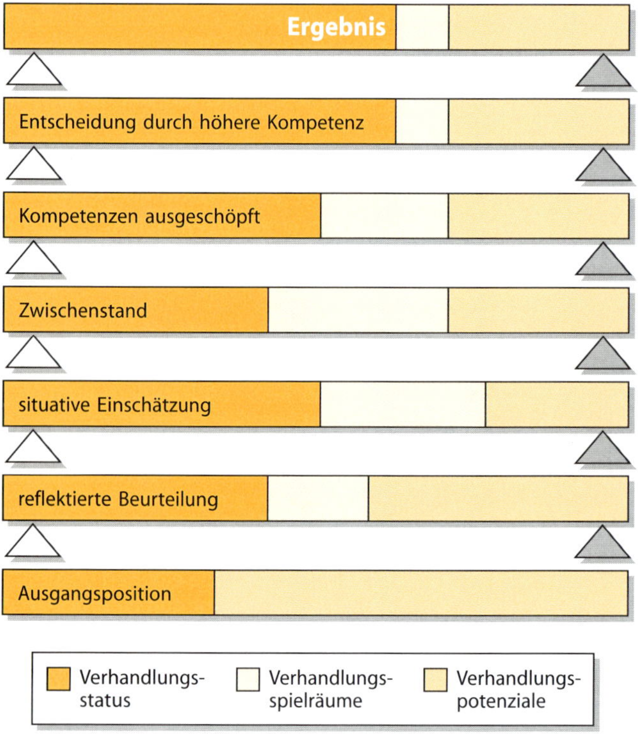

| Verhandlungs-status | Verhandlungs-spielräume | Verhandlungs-potenziale |

Bild 10: *Stufenmodell der Verhandlungsfortschritte*

3.5   Verhandlungsrunden

Die Argumentation mit Sachzwängen oder finalen Konzessionsmöglichkeiten dient meistens dazu, hinzuweisen, dass der erreichte Stand endgültig sei. Wenn dies manipulativ oder unangemessen geschieht, kann eine Verhandlung leicht ungewollt beendet sein. Das ist zu vermeiden und die

Verhandlungsbereitschaft flexibel zu halten. Wer eine kategorische Festlegung widerrufen muss, hat es schwer, glaubwürdig zu bleiben.

Für den Austausch der gegenseitigen Angebote gilt, dass jede konkrete Aussage eine Festlegung ist und von einem erfahrenen Kontrahenten auch taktisch festgehalten wird, wenn sie seinem Interesse dient.

 Wer die erste konkrete Festlegung macht, hat seine ursprüngliche Position aufgegeben und wird die des Kontrahenten nicht mehr erfahren.

Diese Aussage mag überzogen erscheinen, aber im Wechselspiel des Verhandelns wirkt sich der erste Schritt meist nachteilig aus, weil damit ein Teil des möglichen Spielraums mitgeteilt und damit vergeben wird.

Ungünstige Festlegungen können später kaum mehr ohne Nachteile korrigiert werden. Auch weil jede Festlegung vom anderen als weiter verhandelbares Angebot angesehen werden kann.

Für Einkaufsverhandlungen mit mehreren Anbietern hat sich das folgende strukturierte Vorgehen bewährt, wenn

▶ Die finale Interessensgrenze ausgehandelt
▶ Der Zeitaufwand für mehrere Verhandlungsrunden minimiert
▶ Das bestmögliche Ergebnis mit dem bestgeeigneten Lieferer erreicht

werden soll.

Verfahrensschritte	Bestes Angebot	Zweitbestes Angebot	Drittbestes Angebot	Viertbestes Angebot

1 Nach Auswertung einer Marktrecherche verbleiben vier geeignete Angebote:

Rangfolge:

Angebot A	Angebot B	Angebot C	Angebot D

2 Mit dem zweitbesten Anbieter werden die Verhandlungen begonnen, weil so am wahrscheinlichsten ist, dass A unterboten wird. Ist das Ergebnis besser als das Angebot B, ergibt sich diese

Rangfolge:

Angebot B	Angebot A	Angebot C	Angebot D

3 Wenn A nicht unterboten wird, bleibt die Ausgangslage. Jetzt sollte mit C verhandelt werden. C könnte sowohl B als auch A unterbieten. D bleibt als Reserve.

Rangfolge:

Angebot A	Angebot C	Angebot B	Angebot D

oder

Rangfolge:

Angebot C	Angebot A	Angebot B	Angebot D

4 Das ist eine gute Ausgangslage für Verhandlungen mit A, ggf. mit D oder evtl. noch mal mit B. Das könnte ergeben

Rangfolge:

Angebot A	Angebot C	Angebot B	Angebot D

5 oder andere Reihen. Je nach Einschätzung könnte man noch letzte Verhandlungen mit A oder C führen.

Bild 11: *Strategische Verhandlungsrunden*

Nach dem beschriebenen Verfahren ist zu entscheiden, ob eine neue Runde weitere Erfolge ergeben kann. Wer allerdings mehrere Rundkurse vermeiden will, sollte jedem Kontrahenten deutlich machen, dass

▶ Sein äußerstes Angebot jetzt erwartet wird
▶ Der günstigste Anbieter die Bestellung erhält
▶ Das Nachschieben von Konzessionen keine Wirkungen mehr haben wird
▶ Es keine weiteren Vergabegespräche geben kann.

Allerdings muss das dann auch so konsequent und glaubwürdig vollzogen werden.

Auf diese Weise können die Spielräume der verschiedenen Anbieter besser erfahren und ausgenutzt werden. Voraussetzung ist, dass dem verhandelnden Einkäufer dieses Vertrauen gegeben wird. Eine berechenbare Grundhaltung seinerseits wird unterstellt.

Eine andere Methode, aufwändiges Aushandeln einzuschränken, ist die Vorgabe von Zielpreisen oder -konditionen. Das ist allerdings nur dann sinnvoll, wenn die Bedingungen und Faktoren der Preisgestaltung offensichtlich sind.

Auch für ein Preislimit gilt, dass es zu großzügig ausfallen kann und so von mehreren Anbietern akzeptiert oder abgelehnt wird, wenn es zu knapp gesetzt wird. Im zweiten Fall braucht man dann einen anderen, mit dem man ohne Gesichtsverlust weiterverhandeln kann.

Für beide Ansätze gilt, dass man die besseren Chancen damit wahrscheinlich schon vergeben hat.

4   Psychologie des Verhandelns

Wichtige Verhandlungen sind oft mühsam und ihre Ergebnisse selten vorauszuberechnen, besonders wenn die Ziele anspruchsvoll gesetzt sind.

Diese Unsicherheit erzeugt den Wunsch, den Kontrahenten, seine Absichten und Motivationen mit psychoanalytischen Fähigkeiten zu durchschauen, vielleicht auch mit psychotaktischen Mitteln zu manipulieren.

 Der Mensch als Kontrahent ist der am wenigsten berechenbare Unsicherheitsfaktor beim Verhandeln.

4.1   Pragmatik und Psychologie

Mit jeder Verhandlung laufen mentale Prozesse, die mit dem sachorientierten verstandesmäßigen Wahrnehmen nicht erfasst, sondern oft ignoriert oder verdrängt, werden.

Hinter den sachlichen Argumentationen treiben auch archaische Motive der Versorgung von persönlichen Grundbedürfnissen zur Auseinandersetzung an. Wer sich gründlich mit dem Verhandeln beschäftigen will, muss sich so weit für die psychologischen Funktionen und ihre Merkmale seiner Kontrahenten interessieren.

Vordergründig werden kaufmännische Verhandlungen über Sachen und Austauschbeziehungen geführt. Wenn man allerdings seine Ziele hoch ansetzt, Beharrungsverhalten oder Widerstände überwinden will, muss man den Kontrahenten auch überzeugen und zur Kooperation motivieren. Dazu soll man ihn und seine Gegebenheiten erkennen und verstehen.

Nicht nur die eventuell schwierige Persönlichkeit des Partners ist verantwortlich, wenn Verhandlungen nicht zu den bestmöglichen Ergebnissen führen. Neben fachlich-sachlichen Defiziten schränken besonders die emotional-geistige Verfassung und vielleicht eine mangelnde Selbstdisziplin die bestmöglichen Ergebnisse ein. Wenn Menschen verhandeln, reagieren sie auch emotional auf das Verhalten des anderen und passen ihr eigenes an.

 Verhandlungen werden unter Menschen geführt. Effizientes Verhandeln darf sich soweit nicht auf die sachlichen und verstandesmäßigen Gegebenheiten beschränken.

Das Verhalten der Menschen wird von den intellektuellen Funktionen ihrer Psyche sowie ihren bewussten als auch unbewussten seelischen und emotionalen Vorgängen gesteuert.

Die Kontrahenten sind primär an ihren eigenen Ideen, Motivationen und Absichten interessiert. Das entspricht dem normalen, auch natürlichen, Selbstverständnis und dem Streben nach Selbstverwirklichung.

Wer andere Menschen beeinflussen will, muss sie so anerkennen, wie sie sind, und sich auf ihre Eigenheiten einstellen. Nur wer den anderen bei seinen Eigenheiten und Gegebenheiten abholt, kann ihn dazu bringen, dass dieser freiwillig seine Einstellung ändert, seine Position aufgibt und kooperiert.

Wer andere für seine Absichten gewinnen will, darf nicht vergessen, dass jeder Mensch vorzugsweise eigene materielle und ideelle Vorteile realisieren will. Er muss diesbezügliche Perspektiven bei jedem Angebot erkennen können.

Altruistisches Handeln ist im System der wettbewerbsorientierten Marktwirtschaft nicht eigentlich vorgesehen.

Die Grenzen des eigennützigen Strebens sollen, auch beim geschäftlichen Verhandeln, das Gesetz, die ethischen Normen der Gesellschaft und der moralische Respekt vor der Freiheit des anderen vorgeben.

Neben seinen physischen Bedürfnissen hat jeder Mensch ein ausgeprägtes Verlangen nach Bedeutung und Anerkennung mit einem hohen Stellenwert im Umgang mit anderen. Das wird ihm allerdings nicht immer so bewusst und damit mehr oder weniger kontrolliert und gesteuert.

Besonders die immateriellen Bedürfnisse beeinflussen den Verlauf von Kommunikationen. Verhandlungsverläufe sind oft mit einer bewussten oder unbewussten Verteidigung des vermeintlich angegriffenen Selbstwertempfindens belastet. Nur wer seinen Verhandlungspartnern Anerkennung und Geltung vermittelt, wird sie beeinflussen können.

Starke subjektive Empfindungen können klares Denken und realistisches Urteilen behindern. Es ist schwierig, unbefangen zu sein, wenn der andere durch sein Verhalten irritiert und dann ein emotionales Abwehrverhalten provoziert.

 Wer andere überzeugen will, muss sie begeistern, vielleicht faszinieren können. Begeisterung wirkt ansteckend und, mehr als logische Argumente, nachhaltig überzeugend.

Das setzt eine eigene Bestimmtheit voraus, die aus Vernunft sowie aus Selbstvertrauen kommt und trotzdem sympathisch wirkt.

Wer an sich selbst hohe Ansprüche im Umgang mit anderen stellt, hat meist die Erwartung, dass sich diese gleichwertig verhalten. Wenn das nicht so eintrifft, fühlt man sich getäuscht und übervorteilt. Aus Ärger und Ernüchterung entwickeln sich dann leicht und dauerhaft Verbitterung und Misstrauen.

Das ist eine typische Einstellung, die zu Fehlverhalten und Fehlern führt. Mit mentalen Selbstblockaden wird man allerdings niemand überzeugen und mit keinem Menschen gut zusammenarbeiten können.

Das eigene Verhalten muss selbstverständlich beherrscht und kontrolliert sein, weil die körpersprachlichen Signale, die aus

▶ Einer besonderen Grundhaltung
▶ Dem situativen Erleben
▶ Einer negativen Erwartungshaltung
▶ Weniger entwickelten sozialen Fähigkeiten

kommen können, diese Prägungen nachteilig anzeigen.

4.2 Menschenkenntnis

Viele Menschen sind davon überzeugt, dass sie über eine gute Menschenkenntnis verfügen. Vielleicht, weil sie glauben, dass der stetige Umgang mit sich selbst auch zur Fremderkenntnis führt.

Jeder hat ein eigenes Bild von seinen besonderen Wesenseigenschaften, seinem Charakter, parat.

Wir wissen einiges über uns, aber ob dieses Wissen zur Selbsterkenntnis ausreicht? Goethe hat einmal gesagt: „Andere kennen mich besser als ich mich selbst." Er lässt so weit seinen *Tasso* behaupten:

„Inwendig lernt kein Mensch sein Innerstes erkennen, denn er misst nach eigenem Maß sich bald zu klein und leider oft zu groß."

Die meisten Psychologen meinen dazu, dass das Streben nach Selbsterkenntnis zur Selbsttäuschung führt.

Unter Charakter versteht die Psychologie ein individuelles und kompliziertes Gebilde einer Persönlichkeit, das man nur dann erkennen wird, wenn man lernt, die Menschen zu verstehen, und sich mit

▶ Den Zuständen und Erscheinungen ihres bewussten und unbewussten Seelenlebens
▶ Ihrer Art zu erleben und wahrzunehmen
▶ Ihrem Denken und Fühlen
▶ Ihren Verhaltens- und Reaktionsweisen

befasst. Das alles muss dann noch auf die unterschiedlichen sozialen Interaktionen bezogen werden.

Jeder Mensch hat drei Charakterbilder:

▶ Sein subjektives Selbstbild das aus seiner Selbsterkenntnis kommt
▶ Sein angestrebtes Idealbild, das er durch Selbstverwirklichung erreichen möchte
▶ Sein wirkliches Charakterbild, das er selbst nicht kennt.

Jeder Mensch hat auch eine eigene unverwechselbare Individualität. Sie ist geprägt durch seine

▶ Ausbildung und Erziehung
▶ Stellung in der Familie und in seinem sozialen Umfeld
▶ Interessen und Bedürfnisse
▶ Körperliche Verfassung

▶ Glücklichen und unglücklichen Lebenserfahrungen
▶ Erfolge und Misserfolge.

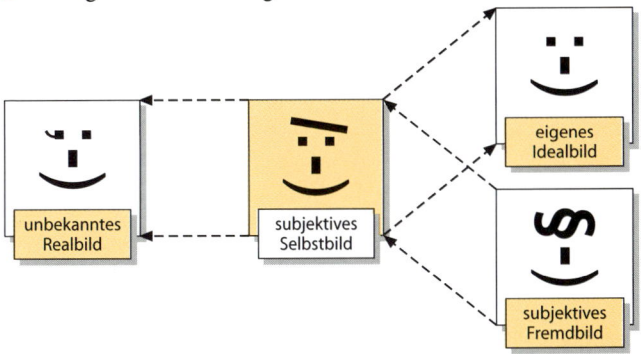

Bild 12: *Menschliche Charakterbilder*

Das ist nicht alles, aber jeder Aspekt bedeutet auch eine Beeinflussung der Fähigkeit, objektiv zu urteilen.

Wir können uns aber beruhigen: Auch die Psychologen haben keine unfehlbaren Mittel und Methoden, einen menschlichen Charakter eindeutig und sicher zu beschreiben.

Das führt uns unvermeidlich zur Pragmatik der Alltagspsychologie, die die Dinge und Beziehungen auch unsystematisch und intuitiv erfassen darf.

Fast jeder glaubt, dass er die Fähigkeit hat, andere Menschen treffend zu beurteilen oder einzuschätzen. Trotzdem gibt es immer wieder – auch unbeabsichtigte – Konflikte.

Die Fähigkeit zur Menschenkenntnis beginnt mit der Intuition, dem unmittelbaren, nicht logisch-nachdenklich-prüfenden Erfassen von Sachverhalten und Vorgängen. Intuition ist subjektiv und kann vom Verstand nicht begründet werden.

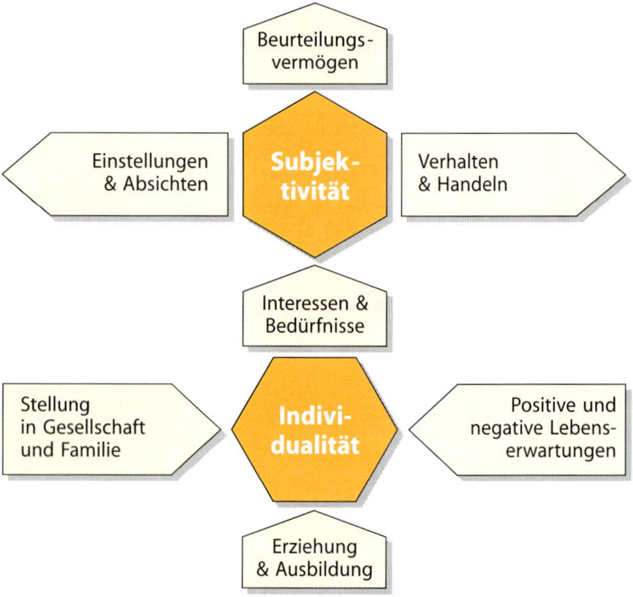

```
                    ┌──────────────┐
                    │ Beurteilungs-│
                    │  vermögen    │
                    └──────────────┘
┌──────────────┐      ╱ Subjek- ╲      ┌──────────────┐
│ Einstellungen│     │  tivität   │     │ Verhalten    │
│ & Absichten  │      ╲          ╱      │ & Handeln    │
└──────────────┘       ──────────       └──────────────┘
                    ┌──────────────┐
                    │ Interessen & │
                    │ Bedürfnisse  │
                    └──────────────┘
┌──────────────┐      ╱ Indivi-  ╲      ┌──────────────┐
│ Stellung     │     │ dualität   │     │ Positive und │
│ in Gesellschaft│    ╲          ╱      │ negative Lebens-│
│ und Familie  │       ──────────       │ erwartungen  │
└──────────────┘    ┌──────────────┐    └──────────────┘
                    │ Erziehung    │
                    │ & Ausbildung │
                    └──────────────┘
```

Bild 13: *Individualität und Subjektivität*

 Wer die Fähigkeiten der praktischen Menschen-kenntnis erhalten will, muss Erfahrungen sammeln und diese mit den Erkenntnissen der wissenschaft-lichen Psychologie bewerten, lebenslang.

Das ergibt keine Garantie für objektives Beurteilen, aber man wird sich und die anderen besser verstehen lernen.

Jeder Mensch steht in verschiedenartigen Beziehungen zu seinen Mitmenschen. Man ist mehr oder weniger voneinander abhängig für die Versorgung von Bedürfnissen und für die Realisierung von Absichten. So weit ist jeder daran interessiert, mit seinen Mitmenschen harmonisch und vorteilhaft auszukommen.

Die Schwierigkeiten der Verständigung liegen in der Individualität der Charaktere, der Absichten, der Einstellungen und dem Verhalten.

 Jemand dazu zu bringen, eigene Vorteile oder Absichten aufzugeben, sich für andere zu engagieren und kollegial zu kooperieren, braucht auch eine sympathische Überzeugungskraft.

Das setzt eine angemessene Einsicht in seine Persönlichkeit voraus. Nur wenn man seine Bedingtheiten, Motivationen und Absichten kennt, kann man das Gemeinsame erkennen und ihn bei seinem mentalen Standort ansprechen und abholen.

Professionelle Einkäufer müssen sich mit diesen Gegebenheiten auseinandersetzen. Sie verhandeln mit

▶ Anbietern und Lieferern
▶ Experten und Beratern
▶ Managern und Mitarbeitern.

Neben den Gemeinsamkeiten, ist besonders die Unterschiedlichkeit der Interessen offensichtlich und damit die Herausforderung, diese zu erkennen, um auf sie einzugehen.

Jede menschliche Ausdrucksform kann beobachtet und interpretiert werden. Die Fähigkeit, die Wechselwirkungen des menschlichen Verhaltens zu verstehen, kann man entwickeln und qualifizieren:

▶ Die Person und ihr Ausdrucksverhalten beobachten
▶ Ihre Gesamtwirkung erfassen

▶ Den Gesamteindruck intuitiv und rational erkennen und mit den Erfahrungen abgleichen.

Die verstandesgemäßen Beobachtungen und die emotionalen Empfindungen müssen zu einem Zusammenhang gefügt werden.

Für die Zuordnung und Beurteilung der Beobachtungen braucht man Vergleichsmuster als Standards und für ihre mentale Verarbeitung Intellekt, Erfahrung und emotionale Einsicht.

Ansätze zur Menschenkenntnis

- Erkenntnis des eigenen Charakters, weil man von sich auf andere schließen muss
- Beobachtung von Merkmalen, Eigenschaften und Ausdrucksformen
- Strukturierung und Einordnung in die eigenen Erfahrungen
- Abgleich der Feststellungen mit den bisherigen Erkenntnissen
- Anpassung bzw. Modifizierung der bisherigen Erfahrungsinhalte.

Diese Vorgänge müssen auch mit einer emotionalen Einsicht abgeprüft werden.

 Wer das Verhältnis zu seiner sozialen Umgebung auch als Wirkung des eigenen Verhaltens versteht, wird seine Unzulänglichkeiten leichter erkennen und behandeln können.

Das richtige Maß zwischen Emanzipation und Abhängigkeit richtet sich nach der Stellung und Relevanz, die man in seiner gesellschaftlichen Umgebung anstreben möchte.

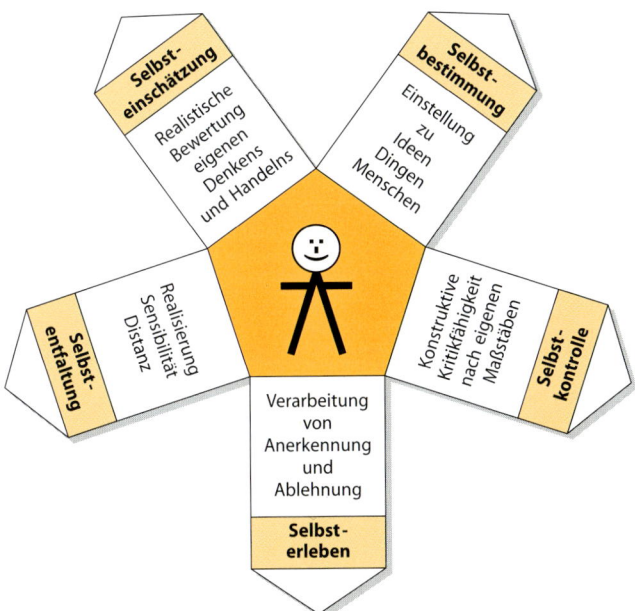

Bild 14: *Persönliche Voraussetzung der Menschenkenntnis*

Das Verhalten und Agieren seiner Verhandlungspartner sollte man pragmatisch durchschauen, verstehen und daraus lernen können.

Wie diese voraussichtlich reagieren, kann man einschätzen: Äußerungen und ihre Bedeutung nach Erfahrung prüfen, abwägen und daraus eine schlüssige Erkenntnis bilden. Dazu braucht man

▶ Selbstdisziplin und Aufmerksamkeit
▶ Empfänglichkeit für Sachinformationen und Sinneseindrücke
▶ Eine objektive und neutrale Einstellung
▶ Erfahrung und Lernfähigkeit.

Alle beobachteten Einzelmerkmale können bedeutend sein, allerdings nicht immer die, die besonders eindeutig und offensichtlich sind.

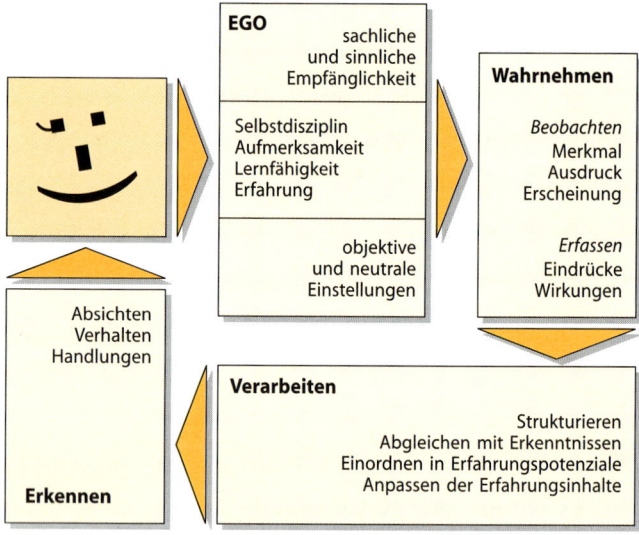

Bild 15: *Faktoren und Prozesse der Menschenkenntnis*

Äußerungen werden ignoriert und Beobachtungen verfälscht, wenn die persönliche Verfassung und Wahrnehmung eingeschränkt ist, durch

▶ Äußere Umstände des betrieblichen Umfelds
▶ Innerliche Festlegungen und Vorurteile
▶ Krankheit, Sorgen
▶ Beschäftigung mit sich selbst und ablenkenden Problemen.

 Praktische Menschenkenntnis für die alltägliche Anwendung ist keine Wissenschaft, sondern eine pragmatische Kunst, die Interesse, Erkenntnis, Reflexion und kontinuierliche Übung erfordert.

4.3 Persönlichkeit und Charakter

Bei jeder ersten Begegnung mit einem anderen Menschen macht man sich bewusst und auch intuitiv ein Bild über ihn, das allerdings vom eigenen Interesse, der Qualität der Wahrnehmungen und von den psychologischen Fähigkeiten bestimmt wird.

Die Wissenschaft schränkt den Charakter-Begriff auf die strukturellen, überwiegend statischen und nur beharrlich sich entwickelnden, spezifischen Eigenschaften des Menschen ein.

Der deutsche Philosoph und Psychologe Ludwig Klages (1872–1956) hat so weit fünf Eigenschaftsbereiche differenziert:

Mengeneigenschaften sind Begabungen, die die Substanz des Charakters bilden und unterschiedlich stark ausgeprägt sind:

Verstand	Intelligenz, Kreativität, Rationalität, Kritikfähigkeit, Kombinationsvermögen, Flexibilität u. a.
Wille	Zielstrebigkeit, Ausdauer, Entschlossenheit, Belastungsfähigkeit, Selbstbeherrschung u. a.
Empfindung	Zuversichtlichkeit, Ängstlichkeit, Ernsthaftigkeit, Gleichmütigkeit u. a.
Elan	Initiative, Impulsivität, Aggressivität, Zurückhaltung u. a.

Tab. 5: *Mengeneigenschaften*

Richtungseigenschaften geben den anderen Merkmalen die Orientierung.

Geistige Antriebe	Erkenntnisdrang, Begeisterungsfähigkeit, Gestaltungswille u. a.
Emotionale Antriebe	Mitgefühl, Wohlwollen, Pflichtbewusstsein, Selbstbehauptung, Eigennutz, Ehrgeiz u. a.
Sinnliche Antriebe	Verlangen, Begierde, Sucht, Mäßigung u. a.

Tab. 6: *Richtungseigenschaften*

Die Reaktionen auf äußere Anreize werden einerseits von der Empfindlichkeit und andererseits von der Selbstbeherrschung beeinflusst und gesteuert. Das seelische Gefüge der Verhältniseigenschaften bestimmt die Intensität des äußeren Verhaltens.

Erregbarkeit der Gefühle	Ansprechbarkeit, Heftigkeit, Gleichgültigkeit u. a.
Erregbarkeit des Willens	Begeisterungsfähigkeit, Entschlussfreudigkeit, Schwerfälligkeit, Passivität u. a.

Tab. 7: *Verhältniseigenschaften*

Die weiteren Eigenschaftsbereiche nach *Klages* sind:

▶ Aufbaueigenschaften, die die Strukturzusammenhänge, die Einheitlichkeit des Charakters, beschreiben. Die individuelle Einheitlichkeit oder Widersprüchlichkeit der Wesensmerkmale bestimmt das Charakterbild.

▶ Haltungseigenschaften, die das offensichtliche Verhalten eines Menschen bezeichnen; ob er korrekt oder nachlässig, dreist oder zurückhaltend, rücksichtsvoll oder derb erscheint.

Der deutsch-britische Psychologe H. J. Eysenck unterscheidet nach vier Persönlichkeitssektoren:

kognitiv	Intelligenz	die Erkenntnis betreffend
konativ	Charakter	das Streben betreffend
affektiv	Temperament	die Gefühle betreffend
somatogen	Konstitution	den Körper betreffend

Tab. 8: *Vier Persönlichkeitssektoren*

Selbstverständlich gibt es noch viele andere wissenschaftliche Ansätze und Modelle, die das individuelle Wesen der Menschen erfassen sollen. Alle diese Versuche müssen allerdings überwiegend abstrakt bleiben, weil sie als analytische oder typologische Ansätze die organischen Zusammenhänge nicht erfassen und beschreiben können.

Der Mensch wird als Individuum geboren. Er entwickelt sich zur Person, wenn er sich seiner selbst bewusst wird. Zur Persönlichkeit wird er, je mehr er sein Selbstbewusstsein, seine Fähigkeiten und sein soziales Verhalten qualifiziert und weiterentwickelt.

Eine Persönlichkeit ist mehr als die Summe ihrer singulären Eigenschaften. Ihre Merkmale und ihr Verhalten lassen auch nicht immer auf ihre Verfassung schließen.

Der wissenschaftliche Ansatz des *Behaviorismus* verzichtet auf charakterologische Eigenschaftsbegriffe und beschränkt sich auf das objektiv beobachtbare und messbare Verhalten.

Allerdings, nicht nur für die praktische Menschenkenntnis, werden sehr wohl Bezeichnungen für die unterschiedlichen Charaktereigenschaften gebraucht. Auch die Unterscheidung zwischen Wesens- und Verhaltenseigenschaften ist zu machen: Verdrossen ist eine Verhaltenseigenschaft, pessimistisch eine Wesenseigenschaft und der *Sauertopf* eine hoffentlich vorübergehende typologische Zuordnung.

4.4 Körpersprache und Verhalten

Das Streben nach Überlegenheit beim Verhandeln führt dazu, den jeweiligen Kontrahenten mit seinen Einstellungen und Absichten durchschauen zu wollen.

 Wer das Wesen eines Menschen erkennen will, muss ihn erst von den anderen unterscheiden.

Ein allgemeiner Eindruck wird über die persönlichen Erscheinungsformen hauptsächlich durch Sehen und Hören vermittelt:

▶ Haltung und Bewegung
▶ Gesicht und Hände
▶ Mimik und Gestik
▶ Stimme und Sprache
▶ Aufmachung und Kleidung.

Dieser erste Eindruck wird zunächst unterbewusst und subjektiv wahrgenommen und allmählich mehr oder weniger rational objektiviert.

 Unser praktisches Interesse an der Psychologie des beruflichen Alltags bezieht sich darauf, zu versuchen, schlüssige Zusammenhänge zwischen den äußeren Merkmalen und den inneren Eigenschaften unserer Mitmenschen zu finden.

Wir glauben, dass das besondere Verhalten einer Person aus ihrem individuellen Gefüge von Wesensmerkmalen kommt.

Wenn man gleichartige Merkmale zu Gruppen zusammenführt, erhält man Typologien, die abgrenzungsfähig sind. Die psychologische Typenlehre gliedert diese vielfältigen Merkmale des menschlichen Charakters und zeigt seine Schwerpunkte auf. Durch die auf das Wesentliche sich beschränkende Verdichtung ergeben sich allerdings nicht unbedingt determinierende, aber sicherlich akzentuierende, Aussagen.

Die Forschung verwendet quantitative Methoden der Merkmalserfassung und überprüft sie mit Labor- und Feldexperimenten. Das ist allerdings eher für die psychologische Diagnostik geeignet als für die praktische Verhandlungspsychologie.

Alle Typenlehren beschränken sich auf wenige Grundtypen mit spezifischen Merkmalen. Das

▶ lässt eine Differenzierung nur bedingt zu
▶ beschränkt die Aussagefähigkeit
▶ kann Überschneidungen von Merkmalen nicht vermeiden.

Grundform	Dreieck	Kreis	Quadrat
Konstitutionstypen	Astheniker	Pykniker	Athletiker
dominierender Körperteil	Schädel	Bauch	Thorax
Typus	Empfindungstyp	Ernährungstyp	Bewegungstyp
Körperform	schlank hager	klein dick	breit kräftig
dominierende Körperfunktionen	zentralvegetatives Nervensystem	Stoffwechselfunktionen	Bewegungsapparat
seelische Zustände	DENKEN erregbar sensitiv reizbar fanatisch unbequem	FÜHLEN gemütlich affektiv empfindlich bewahrend	WIRKEN tätig reaktiv eigensinnig schaffend gründlich
Lebensideale	Erkenntnis Sinngebung	Erlebnis Harmonie	Leistung Ergebnis

Tab. 9: *Charaktere der Konstitutionstypologie nach Hippokrates*

Trotzdem sind typologische Erkenntnisse die ersten Schritte zur Menschenkenntnis im Alltag, weil sie Standards und Orientierungskriterien ergeben.

Einige klassische Typologien

Die Konstitutionstypologie bezieht sich auf Merkmale des gesunden Menschen und verbindet die Körpergestalt mit den seelischen Zuständen.

Die griechisch-antike Einteilung unterscheidet nach Aktionstypen.

Typologie der menschlichen Temperamente				
Aktions-typus:	*Melancholiker*	*Phlegmatiker*	*Sanguiniker*	*Choleriker*
Er-schei-nung:	🙁	😐	🙂	😠
Ver-fassung:	antriebs-schwach pessimistisch	schwerfällig ruhig	lebhaft lebens-bejahend	reizbar jähzornig
Tempe-rament:	melancholisch besinnlich ernst	phlegmatisch schwerblütig	sanguinisch beschwingt heiter	cholerisch aufbrausend

Bild 16: *Menschliche Temperamente*

Die neueren wissenschaftlichen Typologien beziehen sich nicht mehr auf Personengruppen, sondern auf psychologische Prozesse. Dabei werden für Einzelmerkmale, beispielsweise für Kreativität, Cluster (= Bündel von Merkmalen) gebildet, um die Merkmalsbeziehungen zu erschließen, oder

Grundmerkmale (Faktoren) herausgefiltert. Diese Ansätze ergeben dann Klassifikationen von Ähnlichkeiten bzw. Korrelationen.

Die Bedeutung und der Erkenntniswert der körpersprachlichen Beobachtungen wird im geschäftlichen Leben unterschiedlich beurteilt. Besonders logisch-rational orientierte Menschen verstehen diese nonverbalen Aspekte als untaugliche Banalitäten.

 Jeder wird mehr oder weniger Erfolg mit seinen bevorzugten Methoden haben. Die Qualität der Erkenntnisse wird immer von einem Bündel verschiedenartiger Fähigkeiten, abhängig von den Menschen, den Gegebenheiten und den Zielen, bewirkt.

Für das Verhandeln im geschäftlichen Umfeld kann die Einsicht und Einschätzung körpersprachlicher Äußerungen selbstverständlich weiterführen. Nicht nur beim Verhandeln mit Lieferern, sondern auch bei

▶ Bewerbungs- und Einstellungsgesprächen
▶ Besprechungen mit Beratern, Experten und Anwälten
▶ Diskussionen mit Kollegen, Mitarbeitern und Vorgesetzten
▶ Debatten mit Behörden.
　 Nichtverbale Äußerungen lassen erkennen, ob der Partner
▶ Aufmerksamkeit oder Interesse
▶ Offenheit oder Aufrichtigkeit
▶ Bereitschaft oder Akzeptanz
▶ Beharrung oder Verzögerung
▶ Initiative oder Defensive
▶ Aufregung oder Beherrschung

zeigt. Auf jeden Fall sollen die verbalen Aussagen mit den nonverbalen Äußerungen überprüft und beurteilt werden. Wohl niemand kann Mimik, Gestik und Ausdruck ausschließlich über den Verstand steuern und sich so weit dauerhaft verstellen.

 Jeder, der im Gespräch etwas erreichen will, muss selbst seine körperliche Erscheinung beherrschen und auch ihre Ausdrucksformen kontrolliert einsetzen. Nicht ohne die Reaktionen auf das eigene Verhalten zu erkennen und entsprechend darauf zu agieren.

Die menschliche Kommunikation ist allerdings kein Spielfeld von vereinzelten sinnlichen Ausdrücken und deren Wahrnehmungen, sondern erscheint dem Einzelnen in unterschiedlichen Zusammenhängen mit der ihn betreffenden subjektiven Bedeutung. Die menschliche Wahrnehmung ist hauptsächlich pragmatisch gesteuert und orientiert sich situativ an den akuten Gegebenheiten und aktuellen Motivationen.

Das individuell wahrgenommene Umfeld entspricht dem Bereich des eigenen Bewusstseins und ergibt auch seinen Handlungsraum. Dieses Bewusstsein wird im Laufe jeder individuellen Sozialisation gebildet. Es ist das Wissen um die eigene Person, um die Außenwelt, um ihre Strukturen und Beziehungen. Oder wie der Philosoph René Descartes sagte: „Ich denke, also bin ich."

Als soziales Wesen erlebt der Mensch unterschiedlich verlaufende und verschiedenartige Beziehungen zu seinen Mitmenschen. Sie begegnen ihm als Einzelpersonen oder als Gruppen, jede mit ihren eigenen Gegebenheiten und Konventionen. Wer Zugang zu ihnen erhalten will, muss sich mehr oder weniger anpassend einfügen. So weit ergibt sich auch immer wieder ein anderer, situativ angepasster, Aspekt der Persönlichkeit.

Soziales Verhalten ist eine lebensnotwendige Dimension des Menschen. Seine Persönlichkeit entwickelt sich aus den stetigen Erfahrungen der Begegnungen, weil er sich anpassen und weiterentwickeln muss.

 Jeder Mensch sucht einen Ausgleich zwischen eigenem Streben und den Anforderungen seiner sozialen Gruppe zu finden, ohne mehr aufzugeben, als ihm notwendig erscheint.

Er spielt die Rolle, mit der er sich identifiziert. Er erkennt damit auch das Rollenspiel der anderen und lernt daraus, mehr oder weniger.

Manche sind offen, an ihrem Umfeld interessiert und passen sich geeignet an. Andere richten ihr Interesse mehr nach innen und kapseln sich gegen die Außenwelt ab. Damit sind zwei dualistische Grundtypologien beschrieben: extravertiert und introvertiert.

Andere Grundtypen sind Konformisten und Nonkonformisten: Der erste akzeptiert die Zwänge der Normen und Konventionen seiner Gesellschaft übermäßig. Er ist verträglich im Umgang, gibt aber kaum Impulse. Der andere fühlt sich durch jegliche Vorschrift in seiner Individualität und Gestaltungskraft eingeschränkt. Er ist als Partner schwierig aber oft recht produktiv.

Allein diese Beispiele zeigen, dass die menschliche Psyche nicht aus einigen wenigen Aspekten verstanden werden kann.

4.4.1 Der erste Eindruck

Für einen bewertbaren ersten Eindruck wird vorausgesetzt

- ▶ Die Feststellung der Anwesenheit einer Person
- ▶ Ein von ihr ausgehender Reiz
- ▶ Die eigene Aufmerksamkeit für sie.

Nicht alles, was erfassbar ist, wird auch erkannt. Kommunikative Reize müssen auf eine passende Empfänglichkeit treffen, die wie der Filter einer bestimmten Erwartungshaltung wirkt. Das Bild, das sich ergibt, kann so weit nicht objektiv sein.

 Kommunikative Wahrnehmung bedeutet nicht objektive Feststellung, sondern angemessenes situatives Erkennen.

Das ergibt sich stets individuell persönlich, weil diese mentalen Prozesse subjektiv ablaufen.

Der erste Eindruck ist immer intuitiv. Es entsteht nicht eine Beschreibung der anderen Person, sondern eine Wertung: Ihre Bedeutung für die eigene Person wird erfahren. In der Folge wird das Bild mit weiteren Beobachtungen ergänzt, rationalisiert und modifiziert. Von den mentalen Fähigkeiten hängt es hauptsächlich ab, ob es treffender – oder auch verfälscht – wird.

Verfälschungen ergeben sich auch aus persönlichen Tendenzen, beispielsweise durch

- ▶ *Halo*-Effekte, wenn dominierende Eigenschaften andere, weniger ausgeprägte Merkmale „überstrahlen"

▶ *Projektionen*, wenn eigene Vorzüge (Präferenzen) unbewusst auf andere „projiziert" werden und deren Bild subjektiv verfälschen

▶ *Nivellierungen*, wenn herausragende Merkmale zu einem passenderen Bild harmonisiert und „eingeebnet" werden

▶ Das *Andorra-Phänomen* der sich selbst erfüllenden Voraussage (self fulfilling prophecy).

4.4.2 Beobachtungen und Erkenntnisse

Subjektives Erkennen bedeutet nicht nur spontanes, unkritisches, emotionales Erfassen.

Es ist zweckmäßig zu erkennen, welche Rolle ein Verhandlungspartner darstellen will. Die Rolle, die jeder Mensch in seinem sozialen Umfeld spielt, unterscheidet sich von seiner wirklichen dadurch, dass sie einem idealistischen Wunschbild entsprechen soll.

 Vorurteile und vorgefasste Ansichten schränken die Erkenntnisfähigkeit ein, weil sie wie ein Filter nur solche Informationen aufnehmen, die in das vorgefasste Bild passen.

Andere Signale und Informationen werden so als nicht relevant ignoriert oder verdrängt.

Beobachten und Beurteilen sind zwei verschiedene Phasen der Erkenntnis: Erst wenn die Gegebenheiten ausreichend erkannt sind, kann beurteilt und bewertet werden.

Objektivität	Beobachtungen sollen frei von persönlichen Gefühlen der Sympathie oder Antipathie sein. Mit einer eigenen inneren Objektivität können sachliche Erkenntnisse und emotionale Empfindungen angemessen eingeschätzt werden.
Differenzierung	Beobachtungen sollen strukturiert werden. Eine vorzeitige Einordnung in Schubladen-Systeme ergibt allerdings eine verfälschende Vereinfachung.
Ganzheitlichkeit	Beobachtungen sollen übersichtlich und ganzheitlich ansetzen. Die erfassbaren Merkmale müssen in ihrem Zusammenhang, mit ihren Abhängigkeiten und ihren Wechselwirkungen gesehen werden.
Kontrolle	Beobachtungen müssen durch Wiederholung und Vergleich verifiziert werden, weil einmalige Erkenntnisse nicht immer charakteristisch für eine Person sind.

Tab. 10: *Regeln für die Beurteilung körpersprachlicher Beobachtungen*

Menschen in ihrem alltäglichen Verhalten einzuschätzen, ist eine Fähigkeit, die hauptsächlich durch Praxis, Erfahrung und diesbezüglichem Alltagsverstand gebildet wird.

 Die primäre Absicht der kommunikativen Wahrnehmung ist nicht das objektive, sondern das situative angemessene Erkennen.

Die nonverbalen körpersprachlichen Äußerungen, die sich einem bewertbaren Eindruck erschließen, sind

▶ Der sichtbare Ausdruck der körperlichen Merkmale
▶ Die hörbaren Laute, beispielsweise Sprachmodulation, Lachen, Sprechpausen
▶ Die sichtbaren Bewegungen, wie Gestik, Mimik
▶ Die erkennbaren Mitteilungen der persönlichen Erscheinung, wie Kleidung und körperliche Aufmachung
▶ Persönlicher Stil und Umgangsformen.

Die folgenden erklärenden Hinweise sind allgemeine Erfahrungswerte und im Zusammenhang mit anderen Merkmalen zu betrachten. Sie gelten selbstverständlich nur für gesunde und unverstellte Menschen.

Kopf und Gesicht

Das Gesicht eines Menschen ist sein wichtigstes Merkmal, weil es mehr und differenzierter als andere Ausdruckserscheinungen Lebenserfahrungen sowie innere Zustände mitteilen kann.

 Wenn man einen Menschen kennen lernen will, schaut man ihm zuerst und hauptsächlich ins Gesicht.

Dem Stirnbereich wird die Ausprägung des Verstandes, der Intelligenz und der Vernunft zugesprochen. Ist die Stirn hoch, der Kopf nach oben gewölbt, zeigt dies besondere Vorstellungskraft und Kreativität an. Eine hohe Stirn zeigt Erkenntnistiefe und Bewusstseinsbreite, eine breite Stirn ausgeprägte mentale Erfassungs- und Verarbeitungsqualitäten.

Dem Augen-Nase-Ohren-Bereich werden die seelischen Funktionen zugeordnet: Eine wölbungsbetonte Nase signalisiert hohes Selbstwertgefühl und Darstellungsbedürfnis.

Der Gesichtsbereich Mund und Kinn zeigt die Triebsphäre, Instinkt und Libido: Eine ausgeprägte Mundform soll überwiegende Trieb- und Genussorientierung, ein wenig ausgeformter Mund beschränkte Vitalität, auch Intoleranz anzeigen.

Ein vorspringendes Kinn zeigt die Anlage von impulsiven Willensäußerungen bis zum Jähzorn, ein fliehendes Kinn Hemmungen, Komplexe und Kleinmut an.

Ein langer, schmaler Kopf weist auf Aktivität, Zielorientierung und Wendigkeit und ein runder Kopf auf konservative, beschauliche und ausdauernde Eigenschaften.

 Am unmittelbarsten können die Augen den Charakter, die Stimmung und die physische Verfassung eines Menschen spiegeln, weil ihr Ausdruck nicht absichtlich verstellt werden kann.

Aufmerksamkeit und Reagibilität können so gut beobachtet werden. Je nach der Stimmung der Augen, nach Blickrichtung und -bewegung können psychische und physische Zustände erkannt werden, beispielsweise

- Interesse und Zuwendung
- Naivität und Freude
- Verlegenheit oder Aufrichtigkeit
- Unruhe und Aggressivität
- Dankbarkeit oder Misstrauen
- Ausgeglichenheit oder Kritik.

Die Hände

Neben dem Gesicht zeigen auch die Hände besondere charakterliche Prägungen an. Nach ihren Formen werden unterschieden

▶ Die elementare oder Nutzhand – groß und kräftig, mit eckig wirkenden Fingerenden – die Hand einfacher oder manuell aktiv tätiger Menschen

▶ Die intellektuelle oder Denkerhand, die an den auffälligen „philosophischen" Knoten der Fingergelenke erkannt wird und auf Intelligenz, Sachlichkeit und Selbstbewusstsein hinweist

▶ Die sensible oder Künstlerhand mit langen konisch zulaufenden Fingern. Diesen Menschen wird ein besonderer Sinn für die Schönheit des Lebens und ästhetische Formen zugeschrieben, sie sind spontan, impulsiv, weniger berechenbar und weniger zuverlässig.

Reine Typen gibt es wohl nicht. Zur Beurteilung der unterschiedlichen Mischformen müssen die Merkmale gewichtet und kombiniert werden, mit Einfühlungsvermögen, Intuition und Erfahrung.

4.5 Motive und Motivationen

Menschliches Verhalten und Handeln wird durch Motivationen – das sind Anreize, die ideelle und materielle Bedürfnisse versorgen sollen – veranlasst.

Die Qualität und das Maß des Erfolgs bewirken ein zufriedenes oder unzufriedenes Erleben, weil alle Menschen primär an ihre persönlichen Bedürfnisse gebunden sind.

Motive sind die orientierenden, bewegenden und regulierenden Antriebe zu einem entsprechenden aktiven Streben oder passivem Verhalten.

Aus dem jeweiligen Motivspektrum einer Person lassen sich ihre eigentlichen Bedürfnisse ableiten.

Primäre biologisch-homöostatische Antriebe	physiologische Bedürfnisse	Atmen, Essen, Trinken Lebensraum Bewegung, Wärme Schlaf Unversehrtheit Gesundheit Sexualität
Sekundäre psychodynamische Antriebe	Sicherheitsbedürfnisse	Geborgenheit Unbesorgtheit Stabilität Berechenbarkeit Sicherheit, Schutz Ordnung Information
	Integrationsbedürfnisse	soziale Zugehörigkeit Beziehungen Freundschaft Zuneigung, Liebe
	Akzeptanzbedürfnisse	Aufmerksamkeit Anerkennung Wertschätzung Status Ansehen
	Wertevorstellungen Lebensinhalte Selbstverwirklichung	Stimuli Aufgaben Herausforderungen Leistungen Erkenntnisse Zufriedenheit Helfen, Lehren und Fördern

Tab. 11: *Motivationen und Bedürfnisse*

Diese Gliederung baut auf der *Bedürfnispyramide* von Abraham Maslow auf. Auch wenn sein Modell pragmatisch und plausibel erscheint, ist seine Aussage, dass die Bedürfnisse der nächsten Stufe erst versorgt werden, wenn die untergeordneten befriedigt sind, mit Recht umstritten.

Intensives oder anhaltendes Empfinden eines unversorgten Mangels führt zu bewussten und unbewussten Störungen. Aus diesem Mangel heraus werden die versorgungsgerichteten Aktivitäten initiiert.

Der Psychologe Kurt Lewin hat zur Erklärung des menschlichen Verhaltens den Lebensraum des Individuums als ein System von inneren persönlichen und äußeren, aus dem Umfeld einwirkenden, Bedingungen betrachtet. In seiner *Feldtheorie des Handelns* erklärt er die Kräfte, Spannungen und Beziehungen im Lebensfeld des Menschen:

Der individuelle Mensch wird von positiven und negativen Wertigkeiten angezogen bzw. abgestoßen. Er muss sich aus unterschiedlich angenehmen und unangenehmen Handlungsalternativen entscheiden, die persönliche Konflikte bewirken. Aus deren Analyse sollen seine Motivationen erkannt werden.

Abweichendes Verhalten wird erklärt, indem die subjektiven Empfindungen mit den realen Umständen im Lebensumfeld verglichen werden. Eine gute Übereinstimmung weist auf eine aufmerksam-begreifende Einstellung. Geringe Entsprechung zeigt eine unangemessene gedankliche Verfassung an.

Biologische Antriebe dienen der Erhaltung und dem Überleben, z. B. Nahrung, Leistung, Sexualität (homöostatische oder primäre Antriebe).

Soziale Antriebe ergeben sich aus den Wertevorstellungen und Normen ihrer Kultur bzw. sozialen Gruppe (nicht-homöostatische oder sekundäre Antriebe).

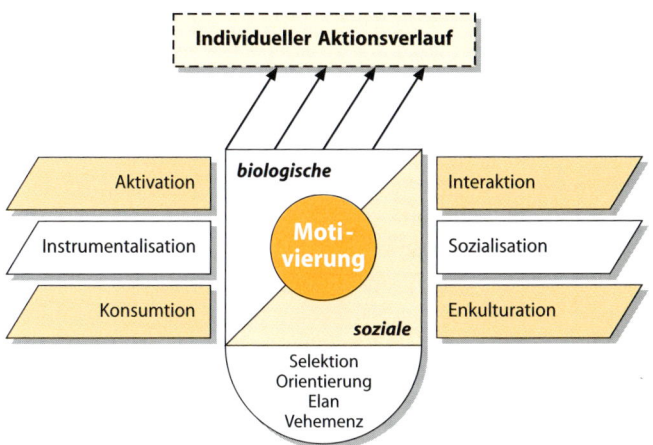

Bild 17: *Biologische und soziale Motivierung*

Die Phasen der biologischen Motivation verfahren in drei Stufen: Aktivierung, Instrumentalisierung und Konsumierung.

Die nicht-homöostatischen Antriebe suchen psychische Erfüllung in der Steigerung der zwischenmenschlichen Wechselbeziehungen, z. B. Anerkennung. Sie sind eng an die Lernprozesse der persönlichen Sozialisation gebunden.

Beide Motivationsansätze bedingen sich gegen- und wirken wechselseitig. Physiologische Antriebe werden fast immer von den psychologischen gesteuert und umgekehrt.

 Soziales Verhalten ist regelmäßig auf Bestrebungen, Absichten und Zielen ausgerichtet.

Es ist sowohl

▶ Rational, also von der Vernunft bestimmt, und
▶ Irrational, also dem Verstande nicht zugänglich, unvernünftig.

Verschiedene einzelne Bedürfnisse können sich in einer Person ergänzen, überschneiden, auch widersprechen. So ergibt sich ein sehr komplexes Gebilde von individuellen Motiven und Motivationen mit einer unterschiedlichen Intensität und Gewichtung. Danach werden sich die strategische Orientierung und die taktische Steuerung des aktiven und passiven Verhaltens der Verhandlungspartner richten, initiativ und reaktiv.

Selten handelt jemand nur aus einem einzigen, sondern fast immer aus einem Bündel unterschiedlicher Motive.

Auch bei Verhandlungen im Auftrag wirken ganz persönliche Motive, beispielsweise das Streben nach Anerkennung, Harmonie, auch Überlegenheit, mehr oder weniger mit.

Die ganzheitlichen Motivationen des Kontrahenten und ihre Gewichtungen bestimmen dann die Zielrichtung des eigenen Vorgehens.

Motivationen zum Verhandeln ergeben sich aus

▶ Sachgründen, wenn Bedürfnisse versorgt oder Absichten realisiert werden sollen
▶ Sachzwängen, wenn äußere Einwirkungen Gegebenheiten oder Konflikte geschaffen haben, die aufzulösen oder zu ändern sind

▶ Interessenlagen, die nach strategischen Verbesserungen oder nach Auflösung verlangen

▶ Persönlichen Absichten, die etwas erreichen oder verbessern wollen.

Wenn die Ziele beider Parteien sich entsprechen, braucht es nur noch Verständigung und Vereinbarung. Im Normalfall werden sie unterschiedlich sein. Wer das System der Motivationen durchschaut, kann seine eigenen Absichten und sein Verhalten danach ausrichten. So werden Möglichkeiten erkennbar,

▶ Differenzierungen und Gewichtungen zwischen den persönlichen und den zu vertretenden Motiven zu erkennen und zu nutzen

▶ Die wirkliche Identifikation des Kontrahenten mit den von ihm zu vertretenden Motiven herauszufinden

▶ Die Argumentation in eigener Sache, aber auch auf das Interesse der Kontrahenten bezogen, zu führen

▶ Alternative Erfüllungsmöglichkeiten anzubieten

▶ Die Absichten der Kontrahenten zu umgehen

▶ Unterschiedliche Motivationen und Machtverhältnisse bei den Mitgliedern einer Kontrahentengruppe festzustellen

▶ Die Motivation der Kontrahenten zu beeinflussen.

Selbstverständlich kann man nach den Absichten seiner Kontrahenten fragen, am besten mit einer *offenen* Fragestellung: „Wo liegen Ihre Interessen?" oder „Wie möchten Sie vorgehen?"

Auch so kann die Kommunikation aufgeschlossen werden und verwertbare Informationen ergeben.

Der richtige Zeitpunkt der Informations- und Kooperationsbereitschaft muss gefunden werden, wenn die ersten Förmlichkeiten und Spannungen gelöst sind und eine kooperative, aber gelassene Gesprächsstimmung entstanden ist.

Das ist dann auch das richtige Klima für Fairness, Berechenbarkeit, Sympathie und Kooperation.

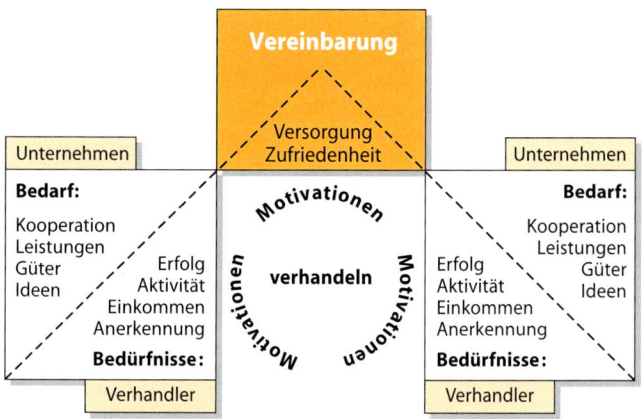

Bild 18: *Motivationen des kaufmännischen Verhandelns*

4.6 Einstellung auf Kontrahenten

Moderne und auch komplexe Aufgaben in einem vielschichtigen wirtschaftlichen Umfeld lenken den Management-Fokus auch auf die menschlichen Potenziale und Beziehungsaspekte, die *human relations*.

Unternehmensstrategische Absichten – Beschränkung auf Kerntechnologien, Verringerung der Fertigungstiefe, Outsourcing von Dienstleistungen und andere – verlagern Kompetenzen, Chancen und Risiken immer mehr auf externe und selbstständige Partner.

Kooperationen und ihre Beziehungen müssen dann strategisch geplant und kollegial ausgeführt werden. Die Aufgaben, Konditionen und auch Abweichungen sind zu regeln:

▶ Künftiges Verhalten der Vertragspartner muss vorausschauend eingeschätzt,
▶ Ansprüche durchsetzbar vereinbart
▶ Vereinbarungen dauerhaft gesichert

werden. Das geht nicht alleine mit vertraglichen und administrativen Maßnahmen, sondern setzt auch eine angemessene Menschenkenntnis voraus.

Ihre theoretischen Grundlagen sind die Erkenntnisse aus der Persönlichkeits-, Gruppen- und Motivationspsychologie.

 Gute und effiziente Zusammenarbeit setzt voraus, dass bewusst wird, was sich zwischen den Partnern abspielt.

Fast alle menschlichen Verhaltensweisen kommen aus der Motivation, Zustände vorteilhaft zu verändern.

Jeder Kontrahent hat sich regelmäßig auf eine Verhandlung vorbereitet und sich seine Gegebenheiten, Möglichkeiten und Absichten bewusst gemacht:

Verhandlungsgründe	und -motivationen
Verhandlungsmacht	und -position
Verhandlungssache	und -situation
Verhandlungsabsichten	und -ziele
Verhandlungsstrategien	und -taktiken
Verhandlungsmethoden	und -mittel.

Er hat sich dazu

▶ Auf seine Kontrahenten und ihre Mentalität eingestellt
▶ Überlegt, wie er strategisch und taktisch vorgehen sollte
▶ Argumente präpariert, die überzeugen sollen
▶ Das voraussichtliche Ergebnis vorgestellt
▶ Die Wirkungen seines Handelns bedacht

und wird mit Elan und Aufmerksamkeit aber gelassen auftreten. Er bringt in die Verhandlungen mit ein:

▶ Seine individuelle Persönlichkeit
▶ Seine Fähigkeiten und Bedingtheiten
▶ Die ihm übertragenen Kompetenzen
▶ Seine ideellen und moralischen Vorstellungen
▶ Die verfügbaren Mittel und Möglichkeiten sowie das Image seines Unternehmens.

Für eine eigene Einschätzung ergeben sich folgende Fragen:

Person	Alter, Geschlecht Titel, Stellung Anschauung, ideologische Prägung Neigungen berufliches Engagement Verhandlungsmentalität, -stil
Kompetenzen	Selbstständiger, Angestellter, Berater Ausbildung, Beruf, Tätigkeit, Fachbereich Aufgabenbereich, Position, Rang Erfahrungstiefe und -breite
Moralkodex	Aufrichtigkeit Ehrlichkeit Verlässlichkeit Fairness Toleranz

Tab. 12: *Fragenkatalog zur Person des Kontrahenten*

Diese Gegebenheiten können dem Kontrahenten Aufschluss über sein voraussichtliches Verhalten geben, aber auch die Schwachstellen aufzeigen.

Bei mehreren Teilnehmern ist noch zu bedenken:

- ▶ Welche und wie viele Personen sind beteiligt?
- ▶ Welche Funktionsbereiche vertreten sie?
- ▶ Für welche Interessen stehen sie ein?
- ▶ Wer ist ihr Sprecher? Wer ist ihr Entscheider?
- ▶ Wie ist die Interessens-, Kompetenz- und Machtlage in der Gruppe?
- ▶ Welche Teilnehmer sind für unsere Argumentation zugänglich bzw. müssen besonders überzeugt werden?

Die Informationen dazu ergeben sich aus der eigenen Erfahrung, müssen bei Kollegen oder Dritten, gegebenenfalls vorsichtig, recherchiert oder direkt angefragt werden.

Das alles soll ein möglichst einheitliches und stimmiges Bild der Kontrahenten, ihrer Vorstellungen, Absichten und Möglichkeiten ergeben.

Von den Verhandlungsmentalitäten kann auf die Verhaltenstendenzen geschlossen werden. Sie zeigen auch den bevorzugten Verhandlungsstil, mit dem der Kontrahent agiert, am besten ansprechbar ist und überzeugt werden kann.

- ▶ *Analytische* Verhandler dominieren mit diagnostisch-prognostischen Fähigkeiten. Sie sind zum Perfektionismus veranlagt. Flexibilität ist nicht ihre Stärke. Sie neigen zur Unnachgiebigkeit.
- ▶ *Argumentative* Verhandler sprechen in erster Linie den Verstand und die Vernunft ihrer Kontrahenten an. Sie gehen kausal sowie methodisch vor und argumentieren logisch und rational.

▶ *Diplomatisch-strategische* Verhandler sind sich sicher in der Einschätzung der Gegebenheiten, Aussichten und Möglichkeiten. Sie sind zurückhaltend, aber argumentieren präzise, partnerorientiert. Sie können gut zuhören und geschickt (aus-)fragen.

▶ *Distanzierte* Verhandler agieren vorsichtig, eher zurückhaltend und neigen zur Versachlichung bis zum Understatement. Sie scheuen das Palaver, das Feilschen und den Umweg.

▶ *Faktenorientierte* Verhandler setzen die Sache über die Beziehungen, welche sie für nebensächlich bis unwichtig halten. Da aber auch für solche Menschen gute Beziehungen lebenswichtig sind, werden die emotionalen Bedürfnisse verdrängt und manchmal durch eigensinniges Verhalten, bewusst oder unbewusst, zu kompensieren versucht.

▶ *Flexible* Verhandler behalten ihre Aufgaben konsequent im Auge, sind aber im Umgang mit ihren Kontrahenten, bei den Wegen zum Ziel und mit den Gegebenheiten beweglich und anpassungsfähig.

▶ *Ichbezogene* Verhandler fallen meist mit ihrem Imponiergehabe auf, das sich auf die eigene Wichtigkeit oder die ihres Unternehmens beruft. Sie sind schwierig zur Kooperation zu gewinnen, wenn ihr Selbstbild nicht angemessen realistisch eingestellt wird.

▶ *Kommunikative* Verhandler suchen das Gespräch und sehen darin die besten Lösungsmöglichkeiten. Sie setzen persönlichen Charme ein und scheinen entgegenkommend zu verhandeln. Viele Menschen sind auf kommunikatives Entgegenkommen besonders ansprechbar und gelegentlich wird dies auch ausgenutzt. Hinter einer freundlichen Art kann sowohl ein kooperativ-konstruktiver als auch ein egoistisch-offensiver Charakter agieren.

▶ *Patriarchalische* Verhandler beziehen ihre Selbstsicherheit aus Erfahrenheit und aus Autorität, die sie sich, im Verhältnis zu ihrem Partner, auch selbst unterstellen. Sie neigen zur Vereinfachung in der Sprache, aber auch in der Sache. Besonders junge Einkäufer lernen solche „Kontrahenten" als gelegentlich hilfsbereit-überhebliche Verkäufer kennen.

▶ *Pragmatische* Verhandler sind überwiegend sachlich, praktisch und ergebnisorientiert eingestellt. Sie sind bereit und fähig zum sachbezogenen Kompromiss.

▶ *Raffinierte* Verhandler erscheinen mit einer freundlich-skeptischen, gleichmütig-überlegenen Haltung. Sie lassen sich kaum überzeugen, sondern bringen stets ein Gegenargument zur Sache vor. Sie agieren diplomatisch, geistreich, geschäftstüchtig und clever, manchmal auch an der Sache vorbei.

▶ *Rhetorisch-dynamische* Verhandler haben eine hohe Überzeugungsfähigkeit und eine schnelle Auffassungsgabe mit einem unmittelbaren Reaktionsverhalten. Sie sind argumentativ geschickt und mit angemessenem Kampfgeist versehen.

▶ *Routinierte* Verhandler sind dialektisch geschickt und wortgewandt. Sie wirken überlegen und arbeiten gelegentlich auch mit Tricks, sind aber selten wirklich unfair.

▶ *Sophistische* Verhandler sind rhetorisch-dialektisch ausgerichtet. Das Gespräch und die Überlegenheit im Gespräch steht für sie über der Sache und über den Beziehungen. Sie besitzen einen intellektualen Hintergrund und neigen zur Manipulation mit Argumenten.

▶ *Vermittelnde* Verhandler versuchen stets einen Ausgleich zu finden, mit einem gut entwickelten Ausdrucks- und Sprachvermögen und einer überzeugenden Argumentationsfähigkeit. Die Beziehungen haben bei ihnen Priorität vor der Sache.

Das ist ein sicherlich unvollständiges Spektrum von Verhaltenscharakteren, auf die man sich jeweils einstellen muss.

 Wer die Verhandlungsmentalitäten seiner Kontrahenten erkennt, wird auch ihre Motivationslage feststellen können. Er wird sein Verhalten und seine Argumente so einrichten, dass sie die Einstellung und Empfänglichkeit des anderen so treffen, dass er überzeugt wird.

Psychisch-manipulative Ansätze und Methoden gehören in das Kapitel „unfaire Verhandlungsmethoden" und sind besonders dann nicht angebracht, wenn die Beziehungen dauerhaft anzulegen sind.

5 Verhandlungsführung und Kommunikation

Wer mit anderen Menschen erfolgreich verhandeln will, muss sich mit ihnen verständigen, muss kommunizieren.

 Verhandeln ist Führen durch Kommunikation.

Professionelle Kommunikation bedeutet

▶ Management von Informationen und
▶ Management von Beziehungen.

Das gegenseitige Mitteilen von

▶ Informationen zu
  • Absichten und Handlungen
  • Sachen und Sachverhalten
  • Aufforderungen und Appellen
▶ Empfindungen wie
  • Anerkennung und Respekt
  • Sympathie und Entgegenkommen
  • Ignoranz oder Ablehnung

soll die kooperative Verständigung zwischen Kommunikator und Adressat bewirken.

Die Kommunikation mit anderen ist eines der Elementarbedürfnisse des Menschen. Nur so kann er seine Bedürfnisse versorgen, seine Absichten realisieren und seine Probleme lösen.

Wer motivierend und überzeugend kommunizieren kann, wird mit weniger Aufwand mehr erreichen.

Wer Einblick sucht und Einsicht erhält, wie andere kommunizieren und seine Gesprächspartner so weit beobachtet, kann sein Verhalten direkt darauf einstellen.

Ein angemessen freundliches Gesprächsklima in einem kooperativen Arbeitsfeld ist eine wichtige Voraussetzung, die das Verhandeln und das Vereinbaren fördert.

Die oft so beschriebene Einstellung *hart in der Sache, verbindlich in der Form* ist für kaufmännische Verhandlungen untauglich, weil unnachgiebiges Machtverhalten und vorgespielte Freundlichkeiten kaum zur guten Zusammenarbeit führen.

Bild 19: *Systematische Ansätze der Verhandlungsführung*

Gegenseitiges Vertrauen ist eine elementare Voraussetzung für den Erfolg.

Vertrauen kann nicht eingefordert werden, sondern ist die Konsequenz eines berechenbaren kooperativen Verhaltens.

Vertrauensbildung hat nichts mit Anbiederung oder Scheinheiligkeit zu tun. Sie bewirken eher das Gegenteil, wenn sie durchschaut werden.

Voraussetzung für Vertrauen ist eine angemessene Offenheit, die allerdings nicht geschwätzig ist. Sie begründet die Berechenbarkeit. Das bedeutet, dass der Partner mit seiner Sache gut eingeschätzt werden kann und überraschende sowie unfaire Informationen oder Aktionen seinerseits nicht zu erwarten sind.

Zusammen mit fairem Verhalten, Achtung und Rücksicht wird so Vertrauen auch zwischen konträr eingestellten Partnern bewirkt.

Unsicheres oder missverständliches Verhalten verhindert oder beschädigt das gegenseitige Vertrauen. So werden eher Blockaden als offenes Entgegenkommen erreicht. Unberechenbares oder unfaires Verhalten schafft Gegner, keine Kooperateure.

 Missverständnisse und Konflikte entstehen oft aus Mängeln oder Fehlern der Kommunikation.

Richtig zuhören bedeutet nicht nur die Worte erfassen, sondern verstehen, was der Kontrahent wirklich meint und tatsächlich mitteilen will. Dazu muss man auch seine Haltung und seinen Ausdruck beobachten sowie seine Bedingtheiten erkennen.

Die Kontrahenten einer Verhandlung haben zwar unterschiedliche Interessen und Ziele, aber auch die Absicht, zusammenzuarbeiten.

5.1 Mitteilung und Gespräch

Jedes Verhalten eines Menschen ist Kommunikation. Nicht kommunizieren ist nicht möglich, weil sich der Mensch alleine durch seine Anwesenheit, mit seinem Verhalten und seiner Erscheinung mitteilt. Er ist stetig Sender von Informationen

▶ Verbal durch Zeichen, wie Sprache, Schrift und Symbole
▶ Nichtverbal durch Ausdruck, Haltung und Bewegung.

verbal	nichtverbal	
	kinetisch die Bewegungen betreffend	semiotisch die Zeichen betreffend
Sprache Schrift Zeichen	Haltung Erscheinung Gestik Mimik Körperdistanz Blick Lautbildung	Symbole Rituale
absichtlich	absichtlich oder unwillkürlich	absichtlich oder unwillkürlich

Tab. 13: *Menschliche Kommunikationsformen*

Symbole bezeichnen die Merkmale von Zeichen und Rituale den Charakter von formalisierten Handlungen, z. B. die Begrüßungsformen.

Jede Mitteilung enthält gleichzeitig verschiedene, auch unbeabsichtigte Informationen, weil die Kommunikation, über die eigentliche Nachricht hinausgehend, auch ein elementarer Ausdruck des menschlichen Lebens ist.

Diese Komplexität ist die Ursache

▶ Einerseits für die Attraktivität
▶ Andererseits aber auch für die Konfliktanfälligkeit der zwischenmenschlichen Beziehungen.
  Der Inhalt jeder Mitteilung enthält vier Aspekte
▶ Die Sachinformationen
▶ Die Selbstoffenbarungen; das sind Auskünfte zur Person des Senders, z. B. über seine Herkunft nach Sprache und Ausdrucksvermögen
▶ Die Beziehungsqualität, nach der Art der Ansprache, die sich aus der aktuellen Einstellung und Haltung zum anderen ergibt
▶ Den Appell, die beeinflussende Aufforderung, etwas Bestimmtes zu tun, zu lassen oder in einer bestimmten Weise zu denken oder zu empfinden.

Jede Mitteilung ergibt so ein Bündel von sprachlichen und nichtsprachlichen Informationen. Sie können ausdrücklich formuliert oder indirekt angezeigt sein.

Indirekte, nonverbale Mitteilungen enthalten immer und mindestens ergänzende Informationen, die die verbalen Aussagen qualifizierbar machen, auch weil sie vorwiegend spontan und unkontrolliert gegeben werden.

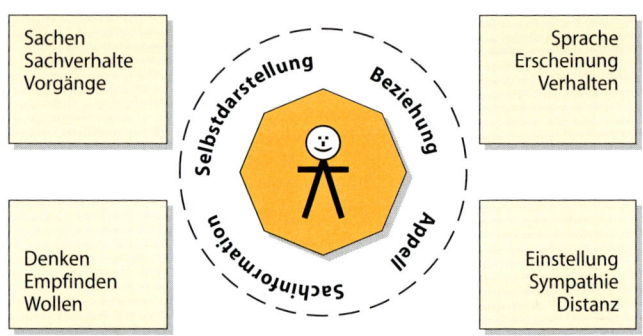

Bild 20: *Aspekte der persönlichen Kommunikation*

Die verbalen und nichtverbalen Elemente einer Mitteilung können übereinstimmen oder unstimmig erscheinen. Für die Erklärung und Einschätzung einer Mitteilung gibt es vier qualifizierende Grundansätze zur Plausibilität und Stimmigkeit:

▶ Den Kontext der Inhalte
▶ Die Art der Formulierung
▶ Den Tonfall
▶ Die körperliche Haltung, Gestik und Mimik.

Die Bemühungen, einen Gesprächspartner mit seinen Absichten und Bedingtheiten zu erkennen, müssen hier ansetzen.

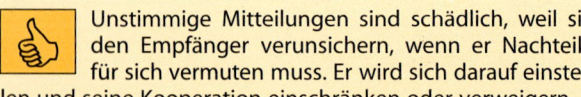

Unstimmige Mitteilungen sind schädlich, weil sie den Empfänger verunsichern, wenn er Nachteile für sich vermuten muss. Er wird sich darauf einstellen und seine Kooperation einschränken oder verweigern.

Unwahre oder verfälschte Informationen werden nicht selten auch absichtlich gegeben. Die Wahrhaftigkeit der Aussage eines Einkäufers: „Ihr Preis ist viel zu hoch, ihre Konkurrenten machen das billiger", kann ein Verkäufer vielleicht an dessen Verhalten einschätzen. Wenn der Einkäufer erfahren ist, wird er sich verstellen können. Dann muss man indirekt fragen und weiter beobachten, weil absolutes Verstellen auf Dauer kaum möglich ist.

Diskursive Gespräche sind eine geeignete Methode, wirkliche Positionen trotz Täuschung zu erkennen. Dazu braucht man allerdings Erfahrung und die Fähigkeiten der Menschenkenntnis.

5.1.1 Sprache und Absicht

Die Sprache ist ein kompliziertes und synthetisches System der zwischenmenschlichen Kommunikation. Ihr zentrales Element ist das Zeichen, ein Wortsignal, das ein willkürlich festgelegtes Ausdrucksmuster ist und als Instrument der menschlichen Verständigung über Dinge und Verhalte dienen kann.

Die Qualität der Verständigung wird von der Sprach- und der Rezeptionskompetenz der Beteiligten bestimmt.

Der Wortschatz als individueller Vorrat an Sprachzeichen ist bei jedem Menschen anders ausgebildet.

Diese Möglichkeit der differenzierenden und abstrahierenden Verständigung hat die Überlegenheit des *homo sapiens* gegenüber seiner Umwelt bewirkt und ist auch ein wesentlicher Faktor seiner Entwicklung.

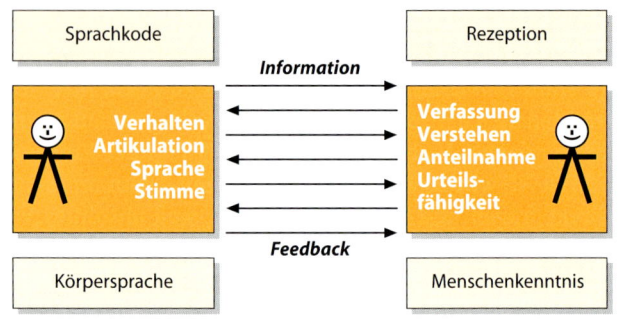

Bild 21: *Kommunikative Einflussfaktoren*

 Sprachkompetenz ist eine wertvolle Ausrüstung des Menschen. Sprachgewandtheit verschafft ihm persönliche Überlegenheit.

Die Beherrschung mehrerer Sprachen vermittelt Anerkennung und sympathische Überlegenheit. Nicht nur für den heutigen Einkäufer ist das eine Notwendigkeit.

Die Kommunikationsfähigkeit der Kontrahenten wird die Interaktion und den Erfolg einer Verhandlung entscheidend beeinflussen. Miteinander sprechen und verhandeln ist ein wichtiges Regulativ der sozialen Interaktion und fördert das persönliche Weiterkommen.

Die ursprünglichsten Formen der verbalen Kommunikation sind die Alltagsgespräche, die eher zwischenmenschliche Beziehungen pflegen, als Verbindlichkeiten begründen sollen. Alle anderen Gesprächsformen leiten sich durch die

▶ Wirkung einzelner Funktionen
▶ Anwendung besonderer Regeln,

abgesehen von ihren Inhalten, ab.

Sprachliche Mitteilungen sollen

▶ Gegebenheiten beschreiben
▶ Befindlichkeiten äußern
▶ Gedanken und Ideen vermitteln
▶ Handlungen ankündigen
▶ Zum Handeln veranlassen
▶ Stimmungen schaffen
▶ Realitäten verändern.

Kontaktgespräche	sollen Beziehungen begründen, unterhalten oder ändern
Informationsgespräche	sollen einen gemeinsamen gleichartigen Informationsstand zu einem Sachverhalt herstellen
Planungsgespräche	sollen Handlungen vorbereiten
Beratungsgespräche	sollen Erfahrungen vermitteln
Motivationsgespräche	sollen zu einem bestimmten Denken oder Handeln überzeugen
Streitgespräche	sollen Konflikte herstellen oder auflösen
Verhandlungen	sollen Interessen ausgleichen und zu Vereinbarungen oder Austauschbeziehungen führen

Tab. 14: *Grundformen von Gesprächsarten*

Sprachliche Mitteilungen sind integrative Teile des gesellschaftlichen Lebens. Sie verpflichten zu einem an den ethischen Grundsätzen und Konventionen orientierten moralischen Verhalten. Einvernehmliche Verständigung kann nur durch prinzipielle

▶ Wahrheit der Tatsachen
▶ Aufrichtigkeit der Worte
▶ Angemessenheit der Forderungen
▶ Anerkennung der Person

dauerhaft erreicht werden.

In der täglichen Realität werden diese Grundsätze nicht immer eingehalten. Ein Konsens muss oft in einer Sach- und Emotionslage unterschiedlicher Interessen und Einsichten gefunden werden zwischen

▶ Gemeinschaftlichkeit und Eigennutz
▶ Verstehen und Missverstehen
▶ Wahrhaftigkeit und Täuschung.

Das Bemühen um Verständigung ist ein schwieriger Prozess, der kommunikative Fähigkeiten und verständigungsbereite Partner braucht. Soweit ist die Versuchung groß, die Überzeugungsbemühungen durch Machtmittel zu ersetzen und die eigenen Interessen listig und egoistisch durchzusetzen.

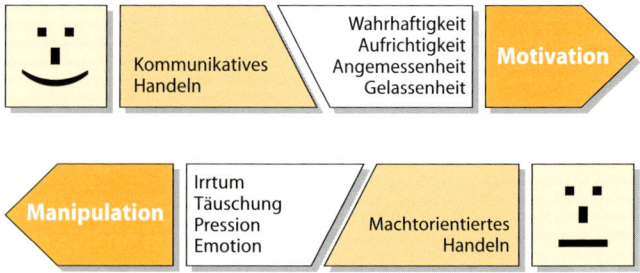

Bild 22: *Motivation und Manipulation der Kommunikation*

Kommunikative Verständigung ist die Voraussetzung für dauerhafte und effiziente Kooperation.

Einseitig wirkende Machtmittel aktivieren Verweigerungs- und manchmal auch Vergeltungsabsichten.

Verhandlungsgespräche sind planmäßig organisierte Handlungsprozesse in ritualisierten Schritten, die regelmäßig so ablaufen:

Eröffnungsphase:

Die Begrüßung und die ersten, mehr formellen Bemerkungen sollen ein Sympathiefeld der positiven Gesprächsbereitschaft herstellen.

Orientierungsphase:

Die Beteiligten versuchen, vom Unverbindlichen ausgehend vorsichtig zur Sache zu kommen. Die gegenseitigen Einstellungen und Absichten werden eingeschätzt. Die so erhaltenen Eindrücke geben eine vorläufige Orientierung für das folgende Verhalten.

Verhandlungsphase:

Sie beschreibt den eigentlichen Abschnitt der dialektischen Auseinandersetzung der Absichten und Bedingungen und die Versuche zur Angleichung der Positionen.

Zusammenfassung:

Sie dient der Verständigung über Fortschritte und Ergebnisse. Zwischenergebnisse werden festgehalten und bestätigt.

Abschlussphase:

Die Sachverhandlungen werden beendet und das Erreichte vereinbart, gegebenenfalls schriftlich als Protokoll oder

Vertrag. Die Partner betonen regelmäßig die Ausgewogenheit der Ergebnisse und die selbst gemachten Zugeständnisse. Beide Seiten werden sich mit einer positiven Stimmung verabschieden.

 Gespräche haben ihre besonderen Regeln und Rituale. Die Teilnehmer sollten sie verstehen und beachten, auch weil ihre Einhaltung erwartet wird.

Regelverletzungen können sich aus Unwissen, auch aus mangelhafter Selbstbeherrschung ergeben oder provokativ eingebracht werden. Einfachere Unstimmigkeiten sollten in einem sonst guten Klima problemlos übergangen werden. Gravierende Verstöße, wie persönliche Angriffe, müssen sofort behandelt werden, wenn eine kooperative Gesprächsbereitschaft erhalten bleiben soll.

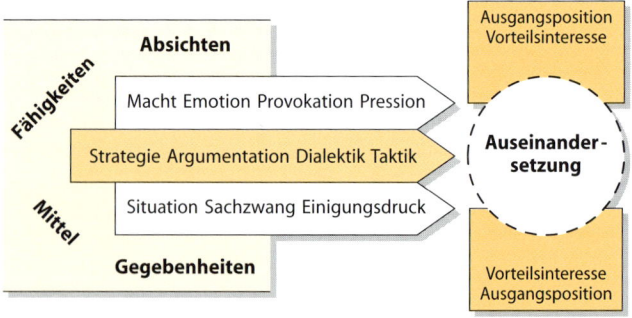

Bild 23: *Mittel der Auseinandersetzung*

5.2 Dialektik und Verständigung

Dialektik ist eine Methode und die Fähigkeit, andere zu überzeugen und einen Konsens herzustellen.

 Wer gut zuhört, führt. Wer überzeugend argumentieren kann, führt weiter.

Es kommt, wie immer, auf das angemessene Verhalten an. Die Grundregeln der kommunikativen Dialektik sind:

▶ Das Problem ganzheitlich erfassen
▶ Die Gegebenheiten realistisch beurteilen
▶ Die Gedanken zielorientiert führen
▶ Die geeigneten Argumente bringen
▶ Mit passenden Worten vortragen
▶ Die richtigen Adressaten ansprechen
▶ Den angemessenen Gesprächston finden
▶ Die eigene Rolle glaubwürdig vertreten
▶ Die Absichten planmäßig ausführen.

Jede Argumentation hat zwei Dimensionen: Jeder Kontrahent versucht, den anderen zu überzeugen, dass dieser eine Sache oder Situation in einer beabsichtigten Weise sieht und so denkt und handelt. Er muss aber überzeugt sein, dass dieses Handeln

▶ Zum Erfolg führt
▶ Die geringsten Nachteile bringt
▶ Keine besseren Alternativen hat.

Jede Argumentation muss sich mit den elementaren Aspekten der Gegebenheiten, Absichten, Maßnahmen und Ergebnisse auseinandersetzen und sich auf

▶ Objektive Fakten
▶ Soziale Werte
▶ Persönliche Motive

beziehen. Argumentation und Gegenargumentation gehen jeweils von unterschiedlichen Voraussetzungen und Zielen aus. Ihre Aufgaben sind allerdings gleichartig, den jeweiligen Kontrahenten in seinem Interesse zu überzeugen. Dabei muss zwischen egoistischem und verständigungsorientiertem Argumentieren differenziert werden.

Allgemeine Regeln der Argumentation

- Folgerichtig und partnerbezogen argumentieren
- Feststellungen wahrhaftig und ausreichend begründen
- Nicht ohne eigene Überzeugung argumentieren
- Aussagen der Gegenseite nicht verfälschen
- Abwesende Personen nicht diskriminieren
- Nicht manipulieren und nicht überfordern
- Persönliche Konfrontationen vermeiden

Geben ist ein auf Gegenseitigkeit bezogenes Lebensprinzip der Menschen. Wenn das Geben und Nehmen als ausgewogen empfunden wird, profitieren beide Seiten. Verhandeln ist die verbale Methode, diesen Ausgleich herbeizuführen.

 Anerkennung, Berechenbarkeit, Zuverlässigkeit, Sicherheit und Vertrauen sind wichtige Leistungsfaktoren und haben einen kommerziellen Wert.

Auch für die Kommunikation mit Verhandlungspartnern gilt die AIDA-Regel:

A: *attention* = Aufmerksamkeit auslösen
I: *interest* = Interesse bewirken
D: *desire* = Verlangen (zur Verständigung) wecken
A: *action* = aktiv die Verständigung und ein Ergebnis anstreben.

Die Anforderungen an den Verhandlungsverlauf ergeben sich aus den Verständigungsabsichten:

▶ Sympathiefeld schaffen, durch ein selbstsicheres Eingehen auf die Teilnehmer. Wer nicht selbstbewusst und innerlich frei ist, kann nicht wirklich entgegenkommen.

▶ Gelassenheit wahren. Wer zu sehr an einzelnen Bedingungen oder Missionen hängt, ist leicht zu verunsichern, weil er den Sachen nicht überlegen ist. Martin Heidegger hat das sinngemäß so formuliert:

 Gelassen sein zu den Dingen und offen sein für das Unbekannte.

▶ Partner mental abholen. Aneinander vorbeireden, ist ein häufiger Verständigungsfehler. Der andere soll bei seinem Wesens- und Informationsstand angesprochen und über die Argumentation zu einer Überzeugung geführt werden.

▶ Individualität bewahren. Kommunikation ist Interaktion zwischen Menschen. Verständigung wird durch den sympathisch empfundenen persönlichen Stil gefördert. Penible Sachlichkeit und stereotype Nachahmung von Mustern wirken seelenlos und affektiert. Erst der persönliche Stil gibt der Mitteilung ihre Bedeutung.

▶ Partner einbeziehen. Wer alles sagt, langweilt und eine perfekte Argumentation macht misstrauisch. Wer den Kontrahenten fordert, mitarbeiten lässt und seinen konstruktiven Beitrag würdigt, erhält einen engagierten Kooperationspartner.

▶ Partnerinteressen beachten. Jeder Mensch ist primär an seiner Sache interessiert. In der Kommunikation will er vorzugsweise sich und seine Absichten darstellen. Das ist angemessen zu beachten, sollte aber nicht zur Anbiederung führen. Besser ist es, ihn für bessere Alternativen und attraktive Perspektiven zu interessieren.

▶ Aufmerksamkeit erreichen. Mitteilungen und Argumente müssen so vorgetragen werden, dass sie *aha*-Reaktionen bewirken wie: *interessant, ganz meine Meinung, das ist der richtige Weg.*

▶ Symbole verwenden. Bildhaft sprechen, um Aufmerksamkeit und Verstehen zu erreichen. Zur guten visuellen Verständigung gehören auch Bilder, Muster und Demonstrationen.

▶ Argumentieren und Handeln statt appellieren. Appelle sind der Ausdruck einer argumentativen Hilflosigkeit und das letzte Mittel zur Überzeugung.

▶ Angemessen zurückhaltend agieren, weil es meist besser ist, von einem Kontrahenten unterschätzt als überschätzt zu werden.

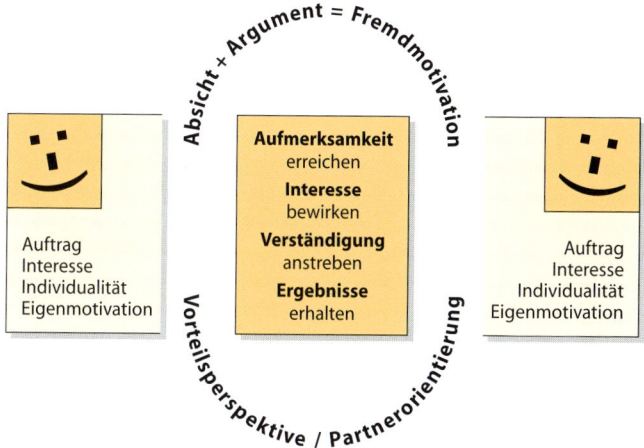

Bild 24: *Aspekte des argumentativen Verhandelns*

5.3 Fragetechnik und Argumentation

Dialektik ist die Meisterschaft des Dialogs. Dialektisches Denken und Handeln baut auf den Gegebenheiten auf und hat seine eigenen Regeln.

Bei jeder Kommunikation kann gleiches Verhalten in verschiedenen Situationen falsch und richtig sein. Standardrezepte kann es nicht geben. Argumentation und Verhalten dürfen auch nicht mit einer einheitlichen Routine eingebracht werden.

Je wichtiger die Gespräche, je komplexer die Sache, je schwieriger die Kontrahenten sind, desto mehr ist eine gute Vorbereitung und Einstimmung notwendig.

Dialektische Grundregeln des Verhandelns

- Sich auf das Ziel und die Menschen, die man dazu braucht, bewusst konzentrieren
- Persönliche Bedürfnisse beherrschen und in den Hintergrund bringen
- Sachdienlich und möglichst überlegen informiert sein
- Sich über Persönlichkeit, Kompetenzen und betriebliche Stellung der Kontrahenten informieren
- Die Aspekte der Auseinandersetzung auch aus der Perspektive der Kontrahenten betrachten
- Die eigenen Absichten formulieren, die entsprechenden Argumente formieren und sich auf die voraussichtlichen Gegenargumente einstellen
- Mit der eigenen Partei die Ziele, Strategien und Aktivitäten besprechen und das Rollenverhalten abstimmen
- Sich selbst initiativ und optimistisch mit einem angemessenen Kampfgeist und realistischem Einigungswillen einstimmen.

In der Verhandlung selbst soll eine produktive Arbeitsatmosphäre geschaffen und die Kontrahenten zur konstruktiven Zusammenarbeit motiviert werden. Auch dafür gibt es einige kommunikative Basisregeln.

Regeln der produktiven Arbeitsstimmung

- Sympathie verschaffen durch gelassenes Auftreten und stimmiges Verhalten
- Sicherheit vermitteln und glaubwürdig bleiben
- Blickkontakt beim Sprechen und Zuhören angemessen und unaufdringlich halten

- Gelöst, aber engagiert mit persönlicher Überzeugung und klaren Gedanken auftreten
- Unnötige Diskussionen vermeiden und die wichtigen argumentativ führen
- Glaubwürdig und differenziert loben und unangemessene Komplimente unterlassen
- Sich nicht emotional herausfordern lassen, nicht aufregen, nicht unbedacht äußern.

5.3.1 Fragetechniken

Wer Auskünfte erhalten will, muss fragen. Allerdings auch die Art der Fragestellung beeinflusst die Antworten und den Gesprächsverlauf:

Die direkte Frage „Was möchten Sie erreichen?" wird der Kontrahent vermutlich mit seiner äußersten Zielsetzung beantworten.

Die offene, indirekte Fragestellung „Wie könnten Sie sich ein ausgewogenes Ergebnis vorstellen?" wird ausführlicher und vermutlich schon mit Zugeständnissen beantwortet werden.

Fragen müssen auf ihre Wirkung bedacht und entsprechend gestellt werden.

▶ Was will ich wirklich erfahren?
▶ Was sollte ich besser direkt oder indirekt fragen?
▶ Wie muss ich formulieren?
▶ Wann oder bei welcher Gesprächslage soll ich die Frage stellen?
▶ An wen sollte ich die Frage richten?
▶ Welche Wirkungen wird sie erreichen?

Durch richtiges Fragen können die Positionen und die Erwartungen der Gesprächspartner herausgefunden werden.

Selbst wenn die Antworten taktisch überlegt gegeben werden, enthalten sie Festlegungen. Ein erfahrener Verhandler wird sie mit anderen Informationen, Beobachtungen und Erkenntnissen zu einem Bild über die Einstellungen seiner Kontrahenten fügen können.

Fragen sind vielseitige Instrumente der Verhandlungsführung und können helfen,

▶ Ins Gespräch zu kommen und Aufmerksamkeit für sein Anliegen zu erhalten
▶ Interesse an der Sache zu wecken oder zu erhalten
▶ Die Gesprächsrichtung zu steuern
▶ Sympathie und Vertrauen zu vermitteln
▶ Die Kontrahenten mit ihren Positionen, Einstellungen und Absichten zu erkennen.

Informationsfragen	sind *offene* Fragen, die ausführliche Auskünfte bezwecken.
Konsultierungsfragen	beziehen den Partner in die Problemlösung ein und sollen mit seinen Vorschlägen auch seine Festlegung bewirken.
Motivationsfragen	zeigen Zustimmung und Interesse an und bewegen den Adressaten, Auskünfte zu geben oder sich zu engagieren.
Alternativfragen	motivieren den Angesprochenen zur Auswahl aus mehreren Festlegungen, ohne ihn zu pressionieren.
Definitionsfragen	können erreichen, dass nicht weiter aneinander vorbeigeredet, aber auch eine verlorene Gesprächsführung wieder hergestellt wird.

Gegenfragen	sollen Antworten ersetzen, um eigene Festlegungen zu vermeiden, oder die Gesprächsinitiative zu übernehmen.
Insistenzfragen	sind wegen ihrer Aufdringlichkeit zu vermeiden, weil sie den Kontrahenten in Argumentationsnot bringen können und er sich arrogant oder dominant behandelt fühlen könnte.
Suggestivfragen	sollen den Adressaten mit ihrer zwingenden Art der Formulierung zur Zustimmung bringen. Erkennt er die Absicht, führt das zu Ärger und Misstrauen.
Wieso-Fragen	bringen den Adressaten meist in eine Rechtfertigungsposition und können aggressive Reaktionen bewirken.
Fragesequenzen	sind meist kontraproduktiv, weil man dem Angesprochenen die Möglichkeit gibt, nur die ihm angenehmen Fragen zu beantworten und die anderen zu übergehen.

Tab. 15: *Formen der Fragestellung*

Für eine zweckgerichtete Kommunikation sollte man

▷ Mit persönlichen, eher unverbindlichen, aber passenden Fragen beginnen, weil sie Interesse am Verhandlungspartner aufzeigen

▷ Anfänglich sachlich bezogene Fragen stellen, um nicht gleich seine rhetorischen Mittel vorzuführen und zu verschleißen

▶ Direkte Fragen vermeiden, wenn sie zu ein- oder aufdringlich ankommen, und besser indirekte, offene Fragen stellen

▶ Den Gesprächsverlauf durch strategische und gezielte Fragen steuern, die die eigenen Absichten unterstützen

▶ Mehrdeutige Fragen unterlassen und sich so weit kontrollieren

▶ Brisante Fragen, die zu unbeabsichtigten Folgerungen und Wirkungen führen können, vermeiden

▶ Taktische Fragen nur stellen, wenn sie die eigene Argumentation nicht beschädigen können

▶ Den eigenen Rededrang kontrollieren, aufmerksam zuhören und zweckmäßig nachdenken

▶ Möglichst niemand unterbrechen, weil dies überheblich oder ignorant wirken kann, aber auch sich nicht unterbrechen lassen

▶ Behauptungen der eigenen Aussagen vermeiden und durch gezieltes Fragen die Kontrahenten selbst auf ihre Richtigkeit kommen lassen. Allerdings:

Nicht zu oft fragen.
Nicht zu viel fragen.
Nicht zu viel reden beim Fragen.

5.3.2 Argumente und Argumentationen

Argument bedeutet eigentlich: Was der Erhellung und Veranschaulichung dient.

Argumente sollen andere für die eigenen Absichten überzeugen. Das geht unter freiwillig entscheidenden Menschen nur, wenn die Argumente bei ihren gegenseitigen Motivationen ansetzen.

Die wissenschaftliche Logistik und Rhetorik beschreibt einige Grundformen.

Bezeichnung:	Beweisführung:
argumentum a priori	logisch, von der Erfahrung unabhängig
argumentum a posteriori	aus der Erfahrung
argumentum ad hominem	aus der Person des Kontrahenten und der Art seiner Argumentation
argumentum ad oculus	aus dem Augenschein
argumentum ad traditionem	durch Bezug auf bisherige Erfahrungen
argumentum ex consensu gentium	durch Berufung auf allgemeine Gültigkeit
argumentum ex absurdo	aus Beispielen bei denen die Maßnahme zum Nachteil getroffen oder nicht getroffen wurde
argumentum ad rem	aus der Sache heraus

Tab. 16: *Rhetorische Argumentationen*

Das sind nur einige Beispiele, die für das Verständnis von rhetorischen Auseinandersetzungen relevant sind.

 Ein Argument, das nicht zu widerlegen ist, ist nicht das beste Argument, beim Verhandeln.

Erste Wahl ist das Argument, das den anderen motiviert. Daraus ergeben sich dann die Ansätze der Argumentation.

Zu erkennen ist, wo die Motivationen des Kontrahenten liegen, und gegebenenfalls zu versuchen, diese den eigenen Zielen anzunähern. Dazu muss man ihn erkennen und einschätzen: durch Beobachten, Zuhören und Hineindenken. Dazu kommen noch die Informationen, die man über Dritte erhalten kann.

Unmittelbare Anzeichen für die persönliche Motivation eines Menschen sind besonders seine unbewussten und spontanen sprachlichen und körperlichen Äußerungen, aber auch die von ihm kontrollierten, wenn sie richtig verstanden werden:

▶ Äußere Erscheinung: Haltung, Kleidung, Statussymbole
▶ Auftreten und Benehmen, beispielsweise zwischen forsch oder sicher, unauffällig oder anpassend
▶ Sprachlicher Ausdruck, ob akzentuiert und kommunikativ oder egozentrisch und kompliziert
▶ Persönliche Interessen, die Art der Lebensweise, soziale und politische Einstellungen
▶ Soziales Verhalten von Dominanz-, Profilierungs- über Kooperations-, Integrations- zum Anpassungs- und Unterordnungsstreben.

Zwei Beispiele sollen dies deutlich machen:

Ein statusbetonter Kontrahent braucht eine Ansprache, die seine persönliche Bedeutung unterstreicht. Mit hauptsächlich kalkulatorischen Argumenten wird man mit ihm wohl weniger erreichen. Ein technisch versierter Verkäufer ist sicherlich mit wertanalytischen Argumenten besser zu überzeugen als mit preispolitischen Kalkulationsfinessen.

Alltagsverstand und Erfahrung helfen, die richtigen Schlüsse aus dem Verhalten der Kommunikationspartner zu finden.

Einige kommunikative Regeln der Argumentation sind:

▶ *Partnerorientiert formulieren.* Der Kontrahent soll bei seinen Interessen „abgeholt" werden.

▶ *Nicht selbstlos argumentieren.* Nur aus der Vorteilssicht des Kontrahenten zu argumentieren, wirkt jedenfalls unglaubwürdig.

▶ *Partnerbezogen mitteilen.* Der Kontrahent soll in seiner Wesensart, nach seinem Intellekt und in seiner Sprachkultur angesprochen werden.

▶ *Partnermotivierend argumentieren.* Der Kontrahent soll im Ansatz so angesprochen werden, dass er Vorteile erkennt und seine Zustimmung erreicht wird.

▶ *Argumente dosiert einsetzen.* Mit angemessen gegebenen Informationen und Argumenten soll dauerhafte Aufmerksamkeit erreicht werden. Nicht zu viele Argumente einbringen, sondern die überzeugenden auch angemessen wiederholt verwenden.

▶ *Argumente gewichtet einsetzen.* Nicht mit dem stärksten Argument beginnen, sondern es situativ einsetzen, um maximale Wirkungen zu erreichen. Auch nicht mit dem schwächsten anfangen, um nicht auf eine eigene labile Argumentationslage hinzuweisen.

▶ *Argumente ohne Vorteilswert vermeiden.* Wenn der Kontrahent keinen Nutzen für sich erkennen kann, sind sie wertlos und verzichtbar.

▶ *Argumente visualisieren.* Demonstrationen, Muster oder Vorführungen können langweilige Statistiken und langatmige Erklärungen ersetzen und verständlicher machen.

Ein gutes Argument sollte man sich für den Verhandlungsschluss reservieren, um gegebenenfalls noch verbliebene Bedenken zu überwinden und das Ergebnis als richtig und angemessen erkennbar zu machen.

Auch eigene Vorleistungen begründen Verpflichtungen und stärken die Verhandlungsposition:

- Leistungen, Zugeständnisse oder Kompromisse, die ohne Gegenleistung geblieben sind
- Nachteile und Aufwendungen, die der Lieferer verursacht hat
- Gefälligkeiten und Leistungen, die den Kontrahenten moralisch konventional verpflichten
- Eine kulante Einstellung, die sich für den Kontrahenten vorteilhaft ausgewirkt hat.

Je besser sich Vorleistungen quantifizieren lassen, desto sachlicher und bestimmter können sie als Argumente für Gegenleistungen eingebracht werden. Allerdings muss klug bedacht werden, wie direkt oder dezent darauf hingewiesen werden soll.

 Lob motiviert. Vorleistungen verpflichten.

Auf jeden Fall sollte man sich vor jeder Verhandlung mit einem Lieferer über seine Leistungsgüte und Leistungskontinuität vergewissern:

Fragenliste für Lieferer-Verhandlungen

- Wie pünktlich waren seine Lieferungen?
- Wie zuverlässig ist die Qualität?
- Wie hoch ist die Reklamationsquote?
- Sind Vorleistungen gemacht worden?
- Gab es Störungen in der Vertragsabwicklung?
- Gibt es administrative Behinderungen?
- Wie steht der Lieferer im Leistungsvergleich mit seinen Wettbewerbern?
- Wie vorteilhaft ist die Zusammenarbeit?
- Was sollte verbessert werden?

Diese Gegebenheiten sind argumentativ einzubringen; weniger als Vorwürfe, sondern als Herausforderungen, die abgearbeitet und aufgelöst werden müssen.

5.3.3 Einstellungen und Taktiken

Taktik ist das zweckmäßige, berechnende und erfolgsorientierte Agieren. Elementare Taktiken des praktischen Verhandelns:

▶ Eine kooperative Verhandlungsbasis schaffen, die sich aus den gemeinsamen Interessen, gleichartigen Zielsetzungen und bestehenden Beziehungen ergibt.

▶ Eigene Absichten gut begründen, aber anfänglich weniger detaillieren und konkretisieren, sondern vorzugsweise die Gegebenheiten beschreiben, die die später vorzubringenden Absichten verständlich und kausal begründen.

▶ Die Argumente der Kontrahenten verständig aufnehmen, weil jeder das Recht hat, seine Position angemessen vorzutragen. Wer zuhört, ohne zu unterbrechen, zeigt, dass er den Kontrahenten und seinen Auftrag anerkennt. Das ist notwendig, damit die späteren Argumentationen nicht als Angriffe missverstanden werden.

▶ Konzessionsmöglichkeiten offen halten, um Kompromisse zu erleichtern. Beide Seiten müssen die Möglichkeit haben, glaubhaft noch weiter nachzugeben, als ursprünglich beabsichtigt war.

▶ Zwischenergebnisse festhalten, weil Endergebnisse meist nur in Teilen oder Schritten erreicht werden. Die Kontrahenten halten wohl hauptsächlich das für sie selbst günstigere fest. Um zu Vereinbarungen zu kommen, sollten die Zwischenergebnisse am Zeitpunkt der bestmöglichen Bereitschaft zur Zustimmung fixiert werden.

▶ Vertagen ist besser als Abbrechen, wenn eine Absicht in der Zeit nicht durchzusetzen ist. Vielleicht kann auch eine Pause die Gegebenheiten positiv ändern. Vertagte Verhandlungen können taktische Vorteile bringen, allerdings auch für die Kontrahenten.

▶ Kooperatives Verhandeln braucht das Vertrauen, dass das Gesagte mit der Realität und den Absichten übereinstimmt. Nur so wird der Partner zugänglich für die eigenen Vorhaben.

▶ Persönliche Überlegenheit zurückhalten, weil nachhaltiges Demonstrieren von Intellekt, Status, Macht, Taktik eher Antipathie und Abwehr erzeugt.

▶ Eine eigene starke Position sollte zurückhaltend, aber erkennbar aufgezeigt werden.

▶ Belehrungen unterlassen, weil sie dem Geist der Kooperation und dem Selbstwertgefühl des anderen schaden, selbst wenn sie sachlich richtig sind.

▶ Fehler und Irrtümer des anderen nicht immer berichtigen, aber wenn es notwendig ist, angemessen und kollegial darauf hinweisen, um seinen Ansehensverlust und eventuelle Blockaden daraus zu vermeiden.

▶ Ultimative Formulierungen vermeiden, weil sie wie Killerphrasen auf den Verhandlungsverlauf wirken. Man sollte sich immer noch eine Möglichkeit des Rückzugs ohne Gesichtsverlust offen halten.

▶ Positive Spannung erhalten, weil sich Erfolge aus gegensätzlichen Interessen und Einigungschancen nur mit erwartungsgestimmter Ausdauer erreichen lassen.

▶ Zusagen nicht in Frage stellen. Was zugesagt ist, muss regelmäßig auch so eingelöst werden. Nachträglich und taktisch zurückgenommenes Entgegenkommen weist auf unseriöse Partner, auf riskante Vertragsbeziehungen und eine unzuverlässige Abwicklung hin.

Auch defensive Situationen müssen vermieden werden, weil aus einer solchen Lage nicht überzeugend verhandelt werden kann. Nicht Angriff und Verteidigung, sondern die Problemorientierung macht den konstruktiven Fortschritt.

6 Abschluss und Erfolgskontrolle

Verhandlungen werden geführt, um Absichten und Ziele möglichst vorteilhaft zu realisieren. Dazu gehört auch, dass der Aufwand dem Nutzen wirtschaftlich entspricht.

 Auch Verhandlungen müssen nach dem Prinzip einer langfristigen Rentabilität geführt werden.

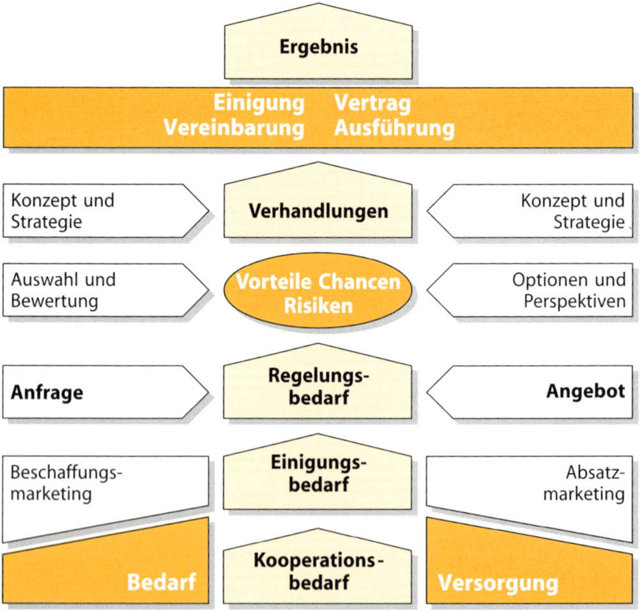

	Ergebnis	
	Einigung Vertrag **Vereinbarung Ausführung**	
Konzept und Strategie	**Verhandlungen**	Konzept und Strategie
Auswahl und Bewertung	**Vorteile Chancen Risiken**	Optionen und Perspektiven
Anfrage	**Regelungs- bedarf**	**Angebot**
Beschaffungs- marketing	**Einigungs- bedarf**	Absatz- marketing
Bedarf	**Kooperations- bedarf**	**Versorgung**

Bild 25: *Einigungsprozess und Verhandlungsergebnis*

Wenn die Interessen deutlich geworden, die Optionen zur Einigung verhandelt und ausgearbeitet sind, ein zufrieden stellendes Ergebnis möglich ist, könnte eine Vereinbarung abgeschlossen werden.

Es reicht nicht, einen Verhandlungspartner überzeugt und kooperativ gestimmt zu haben. Er muss zu einer konkreten Vereinbarung hingeführt werden. Den besten Zeitpunkt für eine Abschlussfrage sollte man selbst wählen und dies nicht dem Kontrahenten überlassen.

6.1 Initiative und Vereinbarung

Verhandlungserfolge ohne eine verbindliche und zweifelsfreie Vereinbarung sind wertlos. Der Zeitpunkt, zu dem der potenzielle Vertragspartner abschlussbereit ist, muss erkannt werden. Hinweise für diese Bereitschaft sind

▶ Fragen, die aus der inneren Einstellung einer bereits realisierten Einigung, beispielsweise durch vertiefende Detailfragen zur Abwicklung, kommen
▶ Körpersprachliche Zustimmung, z.B. durch besondere Aufmerksamkeit bei bestimmten Themen
▶ Aktive Beschäftigung mit den Vertragsgegenständen. An diesem Punkt sollte man
▶ Nicht mehr von der Argumentationslinie abweichen
▶ Sich nicht durch zusätzliches Argumentieren vom Abschluss wegreden
▶ Keine Formulierungen verwenden, die den Konsens in Frage stellen könnten
▶ Besser den Abschluss vorschlagen, als eine Abschlussfrage zu stellen.

Die Initiative zur Vereinbarung sollte den Kontrahenten erreichen, wenn er positiv dafür gestimmt ist. Wenn er allerdings unsicher oder zurückhaltend bleibt, muss man seine Bereitschaft mit Fragen oder Argumenten bewirken:

▶ Argumente abschließend zusammenfassen
▶ Vor- und Nachteile gegenüberstellen
▶ Eine verständige Empfehlung geben
  Man kann gegebenenfalls auch
▶ Nebenbedingungen abschließend klären und unterstellen, dass die Hauptsache vereinbart ist
▶ Eine passende Alternativ- oder Suggestivfrage stellen.

Erfahrene Einkäufer wissen, dass geschäftliche Verhandlungen nicht wie im Handbuch ablaufen. Professionelle Verhandler vermeiden auch die überflüssigen Standard-Rituale und -Argumente, wenn man sich schon kennt.

Die pragmatischen Regeln des kommunikativen Umgangs sollte man gut beherrschen und im besseren Fall wird es einen Konsens geben, der

▶ Vom Verständnis zur Sache
▶ Von der Kenntnis der Interessen
▶ Von gegenseitigem Respekt
▶ Von der Absicht zur Kooperation

getragen wird. Das ist mehr als Technik und Fertigkeit, sondern braucht auch Geschick, Erfahrung und Glück.

 Wer fast keine Probleme mit dem Verhandeln hat, sollte prüfen, ob er seine Ziele nicht zu niedrig setzt und die Chancen mit ihren Herausforderungen ausreichend erkennt und aufnimmt.

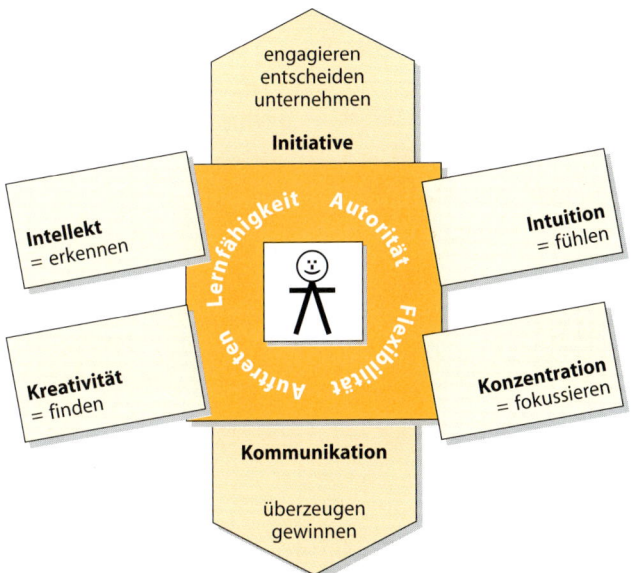

Bild 26: *Dialektische Fähigkeiten des Verhandelns*

Die besseren Ergebnisse erreicht regelmäßig, wer sich die höheren Ziele setzt.

Wenn die Verhandlung eigentlich abzuschließen ist, trotzdem aber noch Schwierigkeiten oder Widerstände eine Vereinbarung behindern, muss man die Anzeichen bemerken und die Ursachen erkennen.

Wenn der Kontrahent sich auf Unverbindlichkeit, Meinungsverschiedenheiten oder Desinteresse beruft, könnte dafür ursächlich sein, dass er

▶ Nicht ausreichend kooperativ einbezogen und mitgeführt wurde

▶ Sich zum Abschluss be- oder gedrängt fühlt
▶ Bedenken hat, sich festzulegen
▶ Mit dem Stand nicht zufrieden ist
▶ Besorgt ist, dieses Ergebnis nicht gut vertreten und begründen zu können.

In jeder dieser Stimmungslagen wird es schwierig, eine freiwillige Einigung unmittelbar zu erreichen.

Kein Verhandlungspartner kann mit legalen Mitteln dazu gebracht werden, etwas zu vereinbaren, was er letztlich nicht will.

Das allerdings muss rechtzeitig erkannt werden. Schon bevor man sich einem Ergebnis nähert, sollte man überdenken, ob

▶ Die Sache mit ihren Konditionen eindeutig ausgehandelt ist
▶ Alle Teilnehmer die Ergebnisse gleichartig und gleichwertig verstanden haben
▶ Die Kontrahenten sich an ihre Aussagen gebunden halten und mit dem Abschluss-Vorschlag einverstanden sein werden.

Es wird kaum erfolgreich sein, einen Kontrahenten offensichtlich zum Abschluss zu drängen, sondern eher den Abstand zur Einigung vergrößern, wenn bei ihm Argwohn oder Skepsis aufgekommen sind.

Initiative darf nicht mit Aktivismus oder Dominanzstreben verwechselt werden, sondern bedeutet einsichtige und zielstrebige Gesprächsführung.

Manche Menschen haben oft Schwierigkeiten, sich zu entschließen oder festzulegen, besonders bei Verhandlungen, wo man mehr oder weniger auch entgegenkommen und dies auch noch vertreten oder sogar rechtfertigen muss.

In dieser Lage braucht der Kontrahent einen Anstoß, der emotionale Bedenken oder sachliche Unsicherheiten überwinden hilft.

Dazu muss man sich gedanklich in seine gegenwärtige Position versetzen um ihn dort kommunikativ und argumentativ abzuholen. Das ist nicht leicht, weil man neben seinen eigenen Zielen auch noch die Rolle des glaubwürdigen Vermittlers spielen muss. Einige Möglichkeiten dazu sind:

▶ Versuchen, die Motive für die Zurückhaltung zu erfahren

▶ Nachfragen, welche Schwierigkeiten bestehen und wie man helfen könnte

▶ Einschätzen, was zumutbar ist

▶ Eine kooperative Haltung vermitteln

▶ Eine dritte Person mit positiver Autorität hinzuziehen, die sich die Sache erklären lässt und so eine positive Stimmung bewirken kann

▶ Die einzelnen Punkte, ihre Vor- und Nachteile, gemeinsam in einem vorläufigen Protokoll aufschreiben, um sie zu konkretisieren

▶ Die Folgen eines Scheiterns der Verhandlung darstellen, um die Einigung als bessere Alternative deutlich zu machen

Voraussetzungen für den Verhandlungsabschluss

- Der Kontrahent soll aktiv am Ergebnis mitgewirkt und auch eigene Vorstellungen eingebracht haben.
- Die Aufgabe von eigenen Positionen muss ihm leicht fallen, weil das Ergebnis insgesamt vorteilhaft ist.
- Er muss sein Ansehen bewahren können, wenn er mehr entgegenkommen musste, als vorher gewollt.
- Er muss das Ergebnis in seinem Betrieb vertreten und vorteilhaft darstellen können.

Eine goldene Brücke beginnt am mentalen Standort des Verhandlungspartners und führt zur Einigung. Dazu hat man sich während der Gespräche mit seinen Zielen und Gegebenheiten befasst und sie in die eigenen Überlegungen und Strategien einbezogen.

 Verhandeln bedeutet, nicht Widerstände überwinden, sondern mitwirken, um Hindernisse zu beseitigen.

6.1.1 Einwände behandeln

Nur solche Argumente werden wirksam, die das Interesse und die Aufgabe des Kontrahenten ansprechen:

Faire Vorschläge machen. Das Einigungsangebot muss redlich sein und man muss es auch aus der Sicht des Kontrahenten begründen können.

Logisch-vernünftig darstellen. Eine logisch-verständige Darlegung der Gedanken und Gründe sollte dem Einigungsvorschlag vorausgehen. Neben den eigenen und den Interessen des Kontrahenten sollten die Vorteile der Geschäftsbeziehung das Leitmotiv ergeben.

Ultimative Fragen vermeiden. Der Einigungsvorschlag soll eine Nein-Reaktion vorsorglich vermeiden, gegebenenfalls können zwei Alternativen, vorzugsweise für Nebenbedingungen, angeboten werden.

Plausibel nachgeben. Wenn eine nachhaltig behauptete eigene Position aufgegeben werden muss, sollte eine überzeugende Erklärung die Glaubwürdigkeit erhalten. Im umgekehrten Falle sollte man dies dem Partner erleichtern.

Blockaden überwinden. Wenn Vorschlag und Gegenvorschlag offensichtlich nicht anzunähern sind, kann ein Dritter hinzugezogen werden. Eine festgefahrene Position wird vielleicht entschärft, wenn sie ein Dritter mit seinen Worten vorträgt.

Ausdauernd bleiben. Beharrlichkeit wird manchmal als unangenehm empfunden. Wenn sie zu einem gegenseitig vorteilhaften Ergebnis führt, profitieren beide Kontrahenten.

Das Ergebnis sollte man – meist besser selbst – formulieren und aufschreiben. Das kann auch handschriftlich, formlos oder gleich auf einem Bestell- oder Vertragsformular gemacht werden.

Zum guten Abschluss muss auch der Kontrahent überzeugt sein, dass eine richtige Lösung gemeinsam gefunden wurde. So weit sollte man sich jetzt für seine Mitwirkung bedanken.

6.2   Bewertung und Kontrolle

Die eigentliche Verhandlung ist erst dann abgeschlossen, wenn die Vereinbarungen so gestaltet sind, dass die Aufgaben zuverlässig erfüllt werden.

Verhandlungsergebnisse sind hoffentlich überwiegend Erfolgserlebnisse, für beide Seiten. Wer professionell verhandelt, wird das Ergebnis bewerten und aus dem Verlauf lernen wollen.

Zu einer angemessenen Nachbereitung gehört auch

▶ Die kritische Bewertung der Ergebnisse und Perspektiven
▶ Der Abgleich zwischen den Vorgaben und dem Erreichten
▶ Die Mitteilung an die, die dies wissen müssen und sollen. Diese Nachbearbeitung ist wichtig für
▶ Das Management der Vertragsabwicklung
▶ Die Ausgestaltung der Beziehungen und der Kooperation
▶ Die eigene Motivation und das eigene Image
▶ Das eigene Lernen und das Anpassen der Erfahrungen, Maßstäbe und Orientierungen
▶ Die notwendige Mitteilung der eigenen Leistung an die, die sie beurteilen und bewerten sollen.

Nicht alle Verhandlungen können zu einem Vertrag oder zu einer Vereinbarung führen. Wenn der Aufwand dafür nicht nutzlos bleiben soll, müssen sie helfen.

▶ Kontakte aufzubauen und zu pflegen
▶ Beziehungen auszubauen und zu fördern
▶ Positive Aussichten zu begründen
▶ Kenntnisse und Erfahrungen zu erwerben und zu erweitern.

Absicht	Wie gut konnten die Vorgaben umgesetzt werden? Hätte mehr erreicht werden können?
Nutzen	Wie vorteilhaft sind die Ergebnisse? Ist der Kontrahent zufrieden? Können die Vereinbarungen für künftige Kontakte verwendet werden?
Chancen	Welche Chancen, Risiken und Perspektiven ergeben sich?
Erfahrungen	Wie war der Verhandlungsverlauf? Wie haben sich die Teilnehmer verhalten? Welche unvorhergesehenen Ereignisse und Argumente sind aufgekommen und wie wurden sie bewältigt? Welche Fehler wurden gemacht und wie kann man sie künftig vermeiden?
Ausführung	Wie können die Vereinbarungen zufriedenstellend umgesetzt werden? Wie können Störungen verhindert bzw. behandelt werden?
Bericht	Wie sollen die Ergebnisse dargestellt werden? Wer muss informiert werden?

Tab. 17: *Fragen zur Ergebnisbewertung*

Literatur

Alle Pocket-Power-Bände, siehe hintere innere Umschlagseite.

Angermeier, Wilhelm F.: Psychologie für den Alltag. ECON Verlag GmbH, Düsseldorf und Wien.

Hirschsteiner, Günter: Einkaufs- und Beschaffungsmanagement. Strategien, Verfahren und moderne Konzepte. F. Kiehl Verlag Ludwigshafen.

Kellner, Hedwig: Rhetorik: hart verhandeln – erfolgreich argumentieren. Carl Hanser Verlag München Wien.

Lay, Rupert: Ethik für Manager. ECON Taschenbuch Verlag.

Lemmermann, Heinz: Lehrbuch der Rhetorik. Die Kunst der Rede und der Diskussion. Günter Olzog Verlag München.

Rother, Werner: Die Kunst des Streitens. Günter Olzog Verlag München.

Schlüter, Hermann: Grundkurs der Rhetorik. Deutscher Taschenbuch Verlag GmbH & Co. KG, München.

Schopenhauer, Arthur: Eristische Dialektik oder Die Kunst, Recht zu behalten. Haffmanns Verlag AG Zürich.

Schulz von Thun, Friedemann: Miteinander reden, Band 1: Störungen und Klärungen, Band 2: Stile, Werte und Persönlichkeitsentwicklung, Band 3: Das „Innere Team" und situationsgerechte Kommunikation. Rowohlt Taschenbuch Verlag GmbH, Reinbek bei Hamburg.